KB011095

이야기로 읽는

지식산업센터 투자

이 야 기 로 읽 는
지식산업센터
투자

목차 CONTENTS

지식산업센터

투자

머리말

부자들은 연금복권과 로또 중 무엇을 선호할까?

연금복권이다.

비가 한 번에 오면 홍수가 되고, 나눠어 오면 풍년이 되듯이 돈 역시 마찬가지다.

지속적인 현금 흐름이 중요하다.

예측 가능한 현금 유입이 있을 때 우리는 무언가를 계획할 수 있다.

현금 유입의 양에 따라 나만의 DTI, Debt To Income를 책정할 수 있다.

어떤 투자든 최악의 경우, 스스로 그 리스크를 감내할 수 있는지의 여부가 가장 중요하다.

지식산업센터는 그러한 측면에서 꽤 괜찮은 투자처이다. 상가보다 공실 리스크가 적으면서 주택보다 월세가 높다. 7억짜리 주택의 월세는 100만 원 정도이나 7억짜리 지식산업센터의 월세는 260만 원이다. 또한 주택처럼 필수요건이 아닌 사업을 영위하기 위한 장소다 보니 국민정서 반감이 높지 않아 정부의 규제 정책도 덜하다. 일반인 기준에서 현금 10억이 있으면 3년이면 다 써서 없어질 것이고, 주식 10억이 있으면 1년이면 넣었다 뺐다 사라질 것이다.

부동산은 양도소득세, 취득세와 같은 요건들로 인하여 싫든 좋든 장기투자가 되는 경우가 많다. 지식산업센터는 주식으로 치면 배당주에 가깝다. 매달 들어오는 현금 유입은 내 마음을 풍족하게 하면서도 자유를 준다.

최근 서점에는 돈에 관련된 서적이 유례없이 많이 전시되어 있다. 유튜브나 각종 매체에서도 하루종일 돈에 대해서 이야기하는 것을 보면 우리가 자본주의 시대에 살고 있다는 사실이 새삼 와 닿는다.

하지만 아이러니하게도 그 근간에는 늘 경제적 자유, 파이어족, 돈으로부터의 독립 등 돈에서 벗어나고 싶어하는 욕망이 더 크게 자리 잡고 있다. 돈에서 벗어나고 싶어서 돈을 공부하는 아이러니다.

그런 측면에서 우리의 욕망을 가장 잘 실현시켜 주는 것이 지식산업센터가 아닐까 한다. 지식산업센터는 매월 고정적인 현금을 준다. 세월이 지나며 점점 줄어드는 인세와 변동성과 주기가 큰 배당금과 달리 월세는 꾸준히 들어오며, 사무실 임대료는 변동성이 크지 않다.

이 책을 읽는 독자들이 맹목적인 돈보다 우리의 근간 욕망을 채워주는 지식산업센터에 대해서 편하게 이해할 수 있었으면 하는 마음에서 글을 써 내려갔다. 부디 오늘 저녁 '가벼운 소설 한 권 읽었더니 지식산업센터가 뭔지 감을 잡을 수 있을 것 같은데?' 라는 생각이 들었으면 좋겠다.

※참고※

본 소설은 픽션이며, 등장하는 인물, 사건, 배경 등의 명칭 및 내용은 실제와 관련 없음을 알려드립니다.

서론

곁으로 날아온 지식산업센터

"사소한 반대를 두려워 말라. 성공이라는 연은 역풍을 받으며 솟아오른다"

- 나폴레온 힐 -

아침 7시 나는 평소보다 조금 더 이른 시간대에 드림건설 정문으로 들어섰다. 하얀 대리석 타일이 발라져 있는 1층 인포데스크에서는 인상 좋은 경비 김씨 아저씨가 인사를 건넸다.

"오늘은 평소보다 일찍 오셨네요?"

'사원증을 목에 걸지도 않았는데 그 많은 직원 얼굴을 다 외우신 걸까?'

짧은 생각을 이어가며 인포데스크 앞에 놓여 있는 신문 꾸러미를 챙겼다.

"네, 안녕하세요? 저 오늘이 마지막 출근이에요. 자리 정리도 하고 추억에도 좀 빠져 보려고 서둘렀네요."

"아이고 축하해줘야 되는 거 맞죠? 늘 떠나는 사람은 축하해주기도 애매하고 좋은 일로 가는 사람한테 위로하기도 애매하고 그렇습니다."

다소 당황한 듯 보이는 김씨 아저씨 모습이 어색한 미소를 자아냈다.

"네, 맞아요. 감사합니다. 그간 고생 많으셨어요."

꾸벅 인사를 한 뒤 엘리베이터 버튼을 눌렀다.

'꼭 이런 어색한 상황에선 엘리베이터가 층마다 서며 늦게 도착하는 듯하군'

졸업, 전역, 퇴사처럼 소속된 곳을 떠나는 날에는 꼭 일찍 나와서 발자취를 돌아보며 추억에 잠기는 버릇이 있다. 좋게 보면 정이 많은 것이고, 나쁘게 보면 평소엔 고마움도 모르고 나갈 때나 돼서야 미련을 갖는 것이다. 5년간 정들었던 곳을 보면서 그간 흘렸던 눈물과 땀이 눈에 선히 보이는 듯했다. 빈 회의실에서는 과거의 내가 회의에 참석해서 회의내용을 받아적고 있었고, 탕비실 구석에서는 상사 욕을 하면서 키득거리는 신입사원 시절의 내가 있었다.

30분쯤 지났을까? 여유로운 시간을 보내고 있으니 서서히 주변 자리가 채워지기 시작했다. 괜히 직원들이 가득 차면 인사하기도 민망할 듯하여 들어오는 사람마다 먼저 인사를 나누었다. 누군가는 응원하고 누군가는 부러워했으며 또 누군가는 걱정했다.

"한 5년만 더 있다 나가지 그러냐? 그래도 같이 근무하다 보면 다른 좋은 기회도 많을 텐데 아쉽다."

"에이, 5년 있으면 또 못 나갈 것 같아요. 마음 먹었을 때 질러봐야죠. 나가도 종종 소주나 한 잔씩 사주세요."

퇴사하는 날에 작별 인사만 하러 들렀던 터라 마지막으로 상무님께 인사를 드리고 새 직장으로 향하는 택시를 불렀다.

택시에서 티 없이 맑은 하늘을 창문을 통해 바라보았다. 마음 한 구석에선 불안함이 스멀스멀 피어올랐다.

'내가 그만두는 것이 맞는 일일까? 현장에도 있어 보고 다양한 일을 해 봤지만 부동산만큼 나에게 흥미를 주는 일은 없었지. 괜히 사업을 하고 싶다는 욕심에 내가 좋아하는 일을 그만두고 흥미가 없는 분야로 진출하는 것은 아닐까?'

부동산을 분석하고 건물을 기획하는 개발사업팀에서의 업무는 생각보다 즐거웠다. 잘 맞는 일을 하니 좀 더 주인 의식을 가지고 일하게 되었고, 업무 외적으로 공부함에도 스트레스를 받지 않았다. 마치 게임을 잘하기 위해서 게임 가이드북을 읽는 느낌이랄까? 이 이상으로 궁합이 잘 맞는 일을 찾기는 어렵다는 생각도 들었다. 하지만, 우연찮게 찾아온 사업의 기회를 놓치기는 싫었다. 내가 가는 곳의 사장은 아내의 아버지 즉, 장인

어른이다. 그 밑에서 일을 배우며 사업을 할 수 있는 기회를 얻은 터라 그 유혹이 너무나 강했다. 다행히 업종은 했던 일과 유사하면서도 다른 건설업이었다. 우리나라 건설사는 사실상 매니지먼트에 가깝다. 콘크리트와 철근 작업을 진행하는 골조업체, 그 다음에 벽체를 세우고 벽지 등 최종 인테리어가 가능토록 천장 가설벽체를 시공하는 내장업체, 마지막으로 건축의 화장이라 불리는 인테리어업체와 같이 여러 회사를 종합관리하는 회사가 우리가 아는 종합건설회사이다. 새 직장은 그러한 작업 중 내장목과 인테리어를 하도급 받아 일하는 회사였다.

'그래, 나중에 부동산업도 추가하면 되겠지 뭐. 5년이라 하셨으니까 5년간 열심히 사업을 배워보자.'

생각은 꼬리에 꼬리를 물고 늘어졌지만, 새로운 회사의 삶은 나를 기다려주지 않았다. 새 직장 새 자리에 앉으니 기분이 묘했다. 늘 나의 방패막이가 되어주던 차장님과 부장님 없이 오롯이 혼자 감당해야 하는 자리라 생각하니 설레기도 하고 무서운 마음이 들기도 하였다.

'이제 곧 업무를 알려주고, 새 업무에 들어가겠구나.'

자리에 앉아서 누군가 업무를 인수인계해주기를 한참을 기다렸으나 나에겐 아무도 오지 않았다. 슬그머니 주변을 둘러보다 회사에서 제법 오래 근무한 티가 나는 옆 부서 부장님한테 다가갔다.

"저... 부장님, 저한테 아무도 일을 주지 않아서요. 혹시 누군가 업무 인계를 해주지는 않을까요?"

관리부 부장님은 옅은 미소를 띠며 말을 이어갔다.

"있던 분도 나가고 해서 인수인계는 따로 없어요. 앉아 계시면 이사님이 뭐 시키든지 할 거예요. 그냥 계시면 되어요."

"아... 가만히... 네. 감사합니다."

그렇게 부장님의 말씀대로 가만히 며칠을 지냈다. 회사가 돌아가는 사정이 대충 눈에 익기 시작했다. 대부분의 업무는 안성기 이사가 진행한다. 혼자 견적을 내고 대여섯 개의 현장을 돌아다니며 직원들을 관리한다. 많은 업무가 한 사람에게 몰려 있다라는 생각이 들었다. 공무부에서는 현장에서 애로 사항을 받아 대신 처리해 주고, 수주 시 계약, 원청사들과의 서류 업무를 보조한다. 나는 공무부 과장으로 앉아 있으니 서류 업무를 진행하는 일을 맡았다. 다행히 동종 업계에 근무를 했던 경험이 있어 업무용어가 낯설거나 하지는 않았다.

그렇게 한 달의 시간이 흘렀을 때 대표이사가 나를 호출했다.

"일은 잘하고 있나? 이거 우리 회사 1년 지출표인데 여기서 무조건 10% 정도 삭감할 수 있는 방안을 제출하도록 해."

짧은 지시와 함께 A3 용지 한 장을 가득 채운 회사 1년 지출표를 나에게 건넸다. 다소 어안이 벙벙했지만 첫 정식 업무라는 느낌도 함께 들었다. 문서를 뚫어져라 쳐다본 지 30분이 흘렀다. 금세 해결책이 나올 것 같았지만, 오라는 해결책은 오지 않고 좌절감만 찾아왔다. 우선 내가 건드릴 수 있는 지출 항목이 많지 않았다. 직원들 월급을 건드리기에는 회사 인사지침을 제대로 파악하지 못하였고, 업계의 표준도 알지 못했다. 그 다음은 각종 용역지출이 눈에 들어왔다. 그러나 혼자 힘으로는 도저히 추가로 개선할 항목을 찾지 못할 것 같았다.

'하... 그래. 그래도 새로운 시각, 나만의 시각으로 보면 또 줄일 항목이 있을 수 있어. 한번 해보자.'

나지막한 각오와 함께 다시 한번 경비를 들여다보았다.

첫 번째로 내가 할 수 있는 것은 컴퓨터로 텔레비전 보는 법을 대표이사한테 교육하고 TV 수신료를 줄이는 것이었다. 두 번째로는 법인차량 보험비를 가장 저렴한 다이렉트 계약으로 바꾸는 것이고, 마지막으로는 각종 인건비에 대한 정부 지원을 받는 것이었다. 자잘하게 리스트를 손봤지만 내가 줄일 수 있는 지출 비용은 5% 남짓이었다. 대표이사는 역시나 만족하지 못했다.

"이렇게 말고, 좀 더 많이 획기적으로 줄여봐! 큰 회사에서 많이 배웠다 했잖아!"

‘내가 무슨 컨설턴트도 아니고 도대체 어떻게 하라는 거지?’

속에선 울화가 치밀었지만 그래도 사회생활을 몇 년 했다고 경우를 잃지는 않았다.

“네, 알겠습니다.”

형광펜으로 그으면서도 보고, 누워서도 보고, 엎드려서도 검토해 보았다. 그제야 사무실 월세가 눈에 보였다. 당시 강남 논현동에 있었던 드림디자인은 근 천만 원을 한 달 사무실 이용료로 쓰고 있었다.

‘이런 20년이 넘은 꾸질꾸질한 건물을 천만 원이나 내고 쓰다니… 말도 안돼.’

천장 벽지는 너덜너덜했으며, 1층에서는 술집을 운영하고 있었는데 닭발 냄새가 출근 때마다 진동을 했다. 어디 그뿐인가. 주차는 기계식 주차장인데, 2주에 한 번은 꼭 고장이 났으며, 손님들은 그마저도 이용이 어려워 멀리 있는 공영주차장으로 주차를 안내해야 했다. 대표이사에게 곧바로 질의를 해보았다.

“아버님, 혹시 우리가 굳이 강남에서 업무를 진행해야 하는 이유가 있을까요?”

“음… 강남이 아무래도 괜찮지. 나는 평생 강남에서 사업을 했어. 강남이어야 어느 정도 회사 모양새도 살고, 주변 협력사가 방문하기도 편하니까. 안 그래도 몇 년 전에 문정으로 건축사무소들이 많이 넘어간다길래 따라가려다가 시기를 놓쳐서 그대로 있게 되었지. 문정도 부동산가격이 많이 올랐던데, 지금 생각하면 아쉽단 말이야."

"요즘에 강남을 고집할 필요는 굳이 없을 것 같아요. 물어보니까 일 년에 한두 번 정도 협력사가 방문하는 것이 전부이고, 굳이 강남이라고 더 괜찮은 회사라는 인식은 이제 많이 없어졌거든요. 여태까지 월세 내셨던 것들 합하면 건물을 한 채 사도 남았겠는데, 지금에 와서라도 매입해서 이전하는 건 어떠신가요?"

짧게 고민한 대표이사는 흔쾌히 결단을 내려주었다.

"그래. 한번 알아봐. 괜찮으면 이전도 생각해보자. 현재 있는 사무실 임차계약이 언제까지인지도 한번 알아보고."

"그렇지 않아도 알아봤었는데 이미 두 달 전에 2년 계약을 하셨더라구요. 기다리는 것보다 후속 임차인을 구해주고 나가는 것이 나을 것 같습니다."

"늘 1년씩 하다가 갑자기 왜 이번엔 또 2년을 했지? 그러면 네 생각대로 한번 진행해봐."

새로운 미션을 받고 대표이사실을 나올 수 있었다.

CHECK POINT

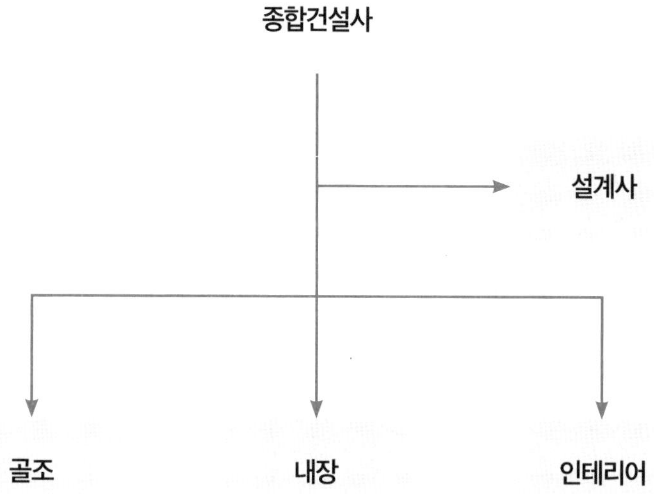

제1장
지식산업센터의 정의

" 너는 산삼을 캐기 위해선 삼밭에 가야 된다 "

- 이건희 -

이야기로 읽는
지식산업센터
투자

1장

지식산업센터의 정의

"너는 산삼을 캐기 위해선 삼밭에 가야 된다."

-이건희 -

사옥 이전을 알아보기 시작했다. 성수동, 문정동, 영등포, 잠원동 등 여러 장소를 돌아다녀 보았다. 그때 내 눈에 멋진 사옥이 보였는데 다소 이상한 점이 있었다.

'사옥 같은데, 왜 회사 숫자가 여러 개지? 일반 빌딩에 여러 임차인이 있는 것 같지는 않은데?'

네온사인이 반짝이는 공인중개사무소가 눈에 들어왔다.

'저기에 한번 물어봐야겠다'

양쪽으로 열리는 문을 밀고 들어가니 작은 책상에 중개사무소 실장으로 보이는 분이 앉아 있었다.

"실장님, 안녕하세요? 저 혹시 이 건물은 어떤 건가요? 그냥 오피스 빌딩이라고 생각하면 되나요?"

"안녕하세요? 지식산업센터 처음 보셨구나? 아파트형 공장이라고는 들어보셨나? 이름이 지식산업센터로 바뀐 지는 얼마 안 되어서요. 금속공장처럼 제조업이나 일반 사무실이 들어와서 사옥으로 이용하는 거죠."

아파트형 공장이나 지식산업센터 둘 다 생소한 단어라 질문을 이어갔다.

"그러면 오피스나 오피스텔과는 어떤 점이 다른 거예요?"

"음… 일단 오피스텔과 오피스, 지식산업센터의 가장 큰 차이점은 부동산 소유주가 개인인지 사업자인지가 있구요. 오피스는 단일 소유이고, 지식산업센터는 구분소유로 들어가요. 또, 지식산업센터는 입주 가능한 업종이 정해져 있고, 내부에 화장실이 없이 공용공간에 다 몰려있죠. 그러나 지식산업센터는 정부에서 장려하고 있어서 매매가 아니라 분양으로 들어올 때는 세제 혜택이 꽤 있어요. 오피스는 사옥급이 아니면 밑에 제대로 된 상가가 없는데, 지식산업센터는 대부분 규모가 꽤 있다 보니까 근린생활시설도 잘 조성되어 있는 편이라 실사용 측면에서는 편하죠. 실제로 이용하는 사람들은 정말 하나도 빠짐없이 다 만족해요. 한 번 지식산업센터에서 사업해 본 사람들은 지식산업센터만 찾는다니까?”

실장님의 말을 듣고 지식산업센터의 겉모습을 찬찬히 살펴보았다. 확실히 건물은 대기업 본사보다 훨씬 더 사옥처럼 보였다. 번쩍거리는 통유리(커튼월) 건물에, 입구에는 인포데스크 직원들이 서 있었다. 마치 드라마 ‘미생’에 나오는 대기업 본사에 온 듯한 느낌이 들었다. 깔끔하게 관리된 건물은 당연히 강남에 있는 저층의 오래된 건물보다 이미지가 좋았고 주차도 편리했다. 이 예쁜 건물에 더 관심이 가기 시작했다.

‘관련된 도서를 좀 사야겠다.’

다행히 도보로 이용 가능한 곳에 교보문고가 있었다. 핸드폰으로 지식산업센터를 찾아보며 발걸음을 옮겼다.

-지식산업센터 현황도-

지식산업센터는 공장부지에 지을 수 있는 건물인데, 정보화 시대에 걸맞게 지식으로 무언가를 창출하는 회사도 들어올 수 있었다.

'대부분 그냥 사무실로 이용하는구나.'

대충 개념을 잡았다고 생각하며, 서점 구석에 있는 지식산업센터 관련된 도서를 끌어모으기 시작했다. 지식산업센터 인기를 실감할 수 있게 다양한 도서가 있었다. 하나하나 펼쳐보며 목차부터 분석하기 시작했다. 대개 지식산업센터에 대한 책의 내용은 유사했다. '지식산업센터란 무엇인가?' '지식산업센터는 돈이 된다.' '지식산업센터의 투자는 사업자를 내서 진행해야 하며 상가와 같이 수익형이지만 현재 가치상승이 가파른 편이다.' '임대할 때는 이런 것을 주의하라.' 식의 정보제공형 도서였다. 책마다 제공하는 정보의 종류가 크게 다르지 않아 굳이 여러 권을 구매할 필요성은 느끼지 못했다.

'부동산은 기술, 법, 금융 등 가장 다양한 분야의 합작품인데, 이런 식으로 한 부문에 대한 투자책을 돈벌이식으로 써내니 알짜정보는 몇 개 없고 양 채우기식의 정보를 싣고 있구나. 이해는 가지만 차라리 딱 중요한 정보만 정리해두고 나머지는 정보제공형으로 섹터를 나눴으면 독자 입장에서는 훨씬 좋았을텐데...'

도서의 구성요소에서 아쉬운 마음이 들었다.

'책은 그냥 제일 예쁜 것 하나랑 질의응답 묶은 것 하나만 사야겠다.'

지식산업센터를 한마디로 말하면 뭐라고 할 수 있을까?

나는 집합 사옥이라 대답하고 싶다. 한때 아파트형 공장으로도 불렸던 이 집합 사옥은 현재 정보화시대 흐름에 맞춰 지식산업센터로 그 명칭을 변경하였다. 지식산업센터는 법적으로 입주 가능한 업종이 지정되어 있다. 물리적 특성으로 가장 두드러지는 것은 층고와 건물 규모였다. 층고가 대부분 3M~5M로 공장시설이 들어올 수 있고, 특화설계에 따라 지하 혹은 지상으로는 화물차도 진출입이 가능하다. 또한 건물의 규모가 있어

구내식당, 카페, 편의점 등 근린생활시설이 꽤 잘 갖추어져 있다.

법률적으로는 산업집적 활성화 및 공장설립에 관한 법률에 영향을 받고 제조업, 지식산업, 정보통신산업의 사업장과 그 지원시설이 복합적으로 입주할 수 있는 3층 이상의 건축물이다. 입주 가능 기업은 출판업, 건축기술 엔지니어링 및 그 밖의 과학기술서비스업, 광고물 작성업, 영화, 비디오물 및 방송프로그램 제작업, 출판업, 전문 디자인업, 포장 및 충전업, 교육서비스업, 경영컨설팅업, 번역 및 통역 서비스업, 전시 및 행사 대행업, 환경 정화 및 복원업, 영화 비디오물 및 방송프로그램 제작 관련 서비스업, 음악 및 기타 오디오물 출판업, 시장조사 및 여론조사업, 광고대행업, 사업 및 무형 재산권 중개업 등이 있다.

여기까지 공부했을 때 자연스레 한 가지 생각이 들었다.

'아! 우리 회사... 입주 가능할까?'

다행히 디자인, 건축사사무소 등의 연관업체들이 입주한 사례들을 손쉽게 찾을 수 있었다. 입주 가능 업종은 인터넷에 찾아보면 쉽게 파악할 수 있어 큰 부담이 되지는 않았다. 또한 대부분의 법인은 업종 추가가 크게 어렵지 않으므로 사업을 영위하려는 자들은 대개 입주 가능하다고 볼 수 있다.

CHECK POINT

지식산업센터 정의

- 동일 건축물에 제조업, 지식산업 및 정보통신산업을 영위하는 자와 지원시설이 복합적으로 입주
- 3층 이상 6개 이상의 공장이 입주할 수 있는 집합 건축물 (산업집적법)

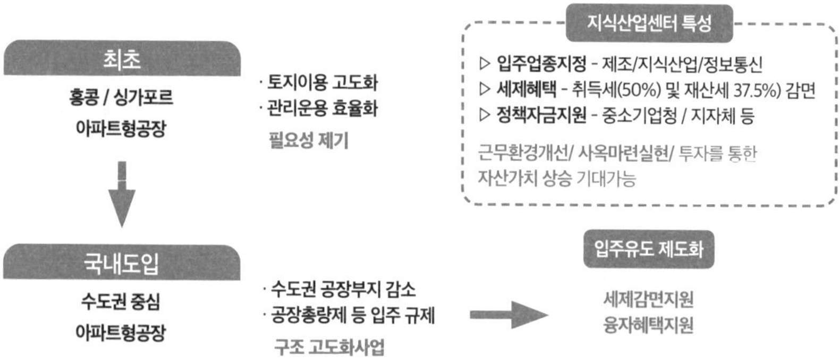

지식산업센터 입주업종

구분	내용
관련법규	▷ 산업집적 활성화 및 공장설립에 관한 법률 시행령 제 6조 2항 일부개정
개정내용	▷ (기존) 입주업종 中 지식산업 20종 ▷ (확대) 입주업중 中 지식산업 27종으로 확대
확대업종	▷ 광고대행업 ▷ 옥외 및 전시광고업 ▷ 그 외 기타 분류 안된 전문 과학 및 기술서비스업 ▷ 사업시설 유지관리 서비스업 ▷ 보안시스템 서비스업 ▷ 콜센터 및 텔레마케팅 서비스업 ▷ 온라인 교육학원 - 이상 7개업종 산업시설구역 입주 추가허용
기타사항	▷ 지식산업센터 입주업종 추가개정(개정 2015.10.06)

입주 가능 업종

연구개발업	물리화학 및 생물학 연구개발업
	농학 연구개발업
	의학 및 약학 연구개발업
	기타 자연과학 연구개발업
	전기전자공학 연구개발업
	기타공학 연구개발업
건축기술, 엔지니어링 및 관련기술 서비스업	기타 인문 및 사회과학 연구개발업
	건축설계 및 관련 서비스업
	도시계획 및 조경설계 서비스업
	건물 및 토목 엔지니어링 서비스업
	환경컨설팅 및 관련 엔지니어링 서비스업
	기타 엔지니어링 서비스
그 밖의 과학기술 서비스업	물질 성분 검사업
	기타 기술 시험, 검사 및 분석업
	측량업
	제도업
	지질조사 및 탐사업
	지도제작업
광고업 중 일부	광고물 작성업
영화, 비디오물 및 방송 프로그램 제작업	일반 영화 및 비디오물 제작업
	애니메이션 영화 및 비디오물 제작업
	광고 영화 및 비디오물 제작업
	방송 프로그램 제작업
음악 및 기타 오디오물 출판업	음악 및 기타 오디오물 출판업
전문디자인업	인테리어 디자인업
	제품 디자인업
	시각 디자인업
	기타 전문 디자인업
출판업	교과서 및 학습서적 출판업
	만화 출판업
	기타 서적 출판업
	신문 발행업
	잡지 및 정기간행물 출판업
	기타 인쇄물 출판업
포장 및 충전업	포장 및 충전업
번역 및 통역서비스업	번역 및 통역서비스업
전시 및 행사 대행업	전시 및 행사 대행업

교육서비스업	직원훈련기관
환경정화 및 복원업	토양 및 지하수 정화업
환경정화 및 복원업	기타환경정화 및 복원업
시장조사 및 여론조사업	시장조사 및 여론조사업
사업 및 무형 재산권 중개업	사업 및 무형 재산권 중개업
물품감정, 계량 및 견본 추출업	물품감정, 계량 및 견본 추출업
무형재산권임대업	무형재산권임대업
경영컨설팅업	경영컨설팅업
소프트웨어 개발 및 공급업	온라인 및 모바일 게임 소프트웨어 개발 및 제작업
	기타 게임 소프트웨어 개발 및 제작업
	시스템 소프트웨어 개발 및 제작업
	응용 소프트웨어 개발 및 제작업
	컴퓨터 프로그래밍 서비스업
컴퓨터 시스템 통합 자문 및 구축 시스템업	컴퓨터 시스템 통합 자문 및 구축 시스템업
자료처리, 호스팅 및 관련 서비스업	자료처리업
	호스팅 및 관련 서비스업
	컴퓨터 시설 관리업
데이터베이스 및 온라인 정보제공업	데이터베이스 및 온라인 정보제공업
	포털 및 기타 인터넷 정보 매개 서비스업
기타 정보기술 및 컴퓨터 운영 관련 서비스업	기타 정보기술 및 컴퓨터 운영 관련 서비스업
전기통신업	유선통신업, 위성통신업, 통신재판매업
	그 외 기타 전기 통신업
기타 확대 입주 업종	광고대행업
	옥외 및 전시 광고업
	콜센터 및 텔레마케팅 서비스업
	보안시스템업
	사업시설 유지관리 서비스업
	기타 과학기술 서비스업
음식료	식료품제조업
	음료제조업
	담배제조업

섬유, 의복	섬유제품 제조업
	의복, 의복액세서리 및 모피제품 제조업
	가죽, 가방, 마구류 및 신발
목재, 종이 출판	목재 및 나무제품 제조업
	펄프, 종이 및 종이제품 제조업
	인쇄 및 기록매체 복제업
석유화학	코크스, 석유정제품 및 핵연료
	화학물질 및 화학제품 제조업
	의료용 물질 및 의약품 제조업
비금속 소재	고무제품 및 플라스틱제품 제조업
철강	비금속광물제품 제조업
기계	제1차 금속산업
	금속가공제품 제조업
	기타 기계 및 장비 제조업
전기전자	전자부품, 컴퓨터, 영상, 음향 및 통신장비 제조
	의료, 정밀, 과학기기 및 시계 제조업
	전기장비 제조업
운송장비	자동차 및 트레일러 제조업
	기타 운송장비 제조업
기타	가구제조업
	기타 제품 제조업
첨단업종	자동차용 엔진 제조업
	승용차 및 기타 여객용 자동차 제조업
	자동차 엔진용, 차체용 부품 제조업
	기타 자동차 부품 제조업
	항공기, 우주선 및 보조장치 제조업
	항공기용 엔진, 부품 제조업

유사투자상품 간 비교분석

구 분		오피스텔	지식산업센터	섹션오피스
상품 여건	면적기준	전용 7~10평	전용 20평 이상	전용 12~15평
	사용형태	주거+업무 (사용용도혼재)	업무 (업종제한)	업무 (업종제한 없음)
	공간구성	주거위주 공간구성	기본모듈제공 / 개별 인테리어	기본모듈제공 / 개별 인테리어
	공간 활용성	공간확장성 낮음 업무공간 이용 시 불용 공간 발생	모듈확장 가능 공용부 활용성 우수	모듈확장 가능 공용부 활용성 우수
	상권활성화 기여도	실당 평균 1~2명 주거 (유동시간 한계 / 상권기여도 낮음)	실당 10명 내외 근무 (식사/소비/회식- 상권기여도 높음)	실당 평균 3~4명 근무 (식사/소비/회식- 상권기여도 높음)
시장 여건	수요	투자수요 > 실수요	실수요 + 투자수요	투자수요 > 실수요
	공실 리스크	잦은 임차인 교체 위험	실입주 위주 공실리스크 낮음 자족기능에 따른 상품간 수요 순환	장기 임대수요
관리비		높음	낮음	높음
세제혜택		없음	취득세 50%, 재산세 37.5% 감면	없음
금융혜택		40~50%	70~80% (업체신용도 90% 까지 가능)	40~50%

이야기로 읽는
지식산업센터
투자

제2장
지식산업센터 실입주 매매 투자

" 부자가 되는 유일한 방법은 내일 할 일을 오늘 하고 오늘 먹어야 할 것을 내일 먹는 것이다 "

- 탈무드 -

이야기로 읽는 지식산업센터 투자

2장

지식산업센터 실입주 매매 투자

"부자가 되는 유일한 방법은 내일 할 일을 오늘 하고 오늘 먹어야 할 것을 내일 먹는 것이다."

-탈무드 -

지식산업센터가 어떤 건물인지 공부를 끝내고 현재 임차 중인 건물을 쳐다보았다. 사용하고 있는 건물보다 전체적으로 우월했다.

'서울 곳곳에 존재하는 낡은 건물에서 사업을 하는 기업이 있는 이상 지식산업센터의 가치는 계속 상승할 것 같은데? 중단기적으로는 월세를 아끼는 효과와 함께, 장기적으로는 부동산 가치 상승도 노릴 수 있겠어.'

'테헤란로'나 '판교'가 지금과 같은 명성을 얻게 된 이유는 무엇일까? 바로 법인이 밀집해 있어 생기는 시너지 효과다. 다양한 법인이 물리적 거리가 가까운 곳에 위치하게 되면 시너지 효과를 얻기가 쉽다. 서초 법원 주변에는 변호사 사무실들이 많고, 세무서 주변엔 세무사 사무실이 많다. 그 주변으로 법률 조언과 세무 조언이 필요한 회사가 몰려들게 된다. 또 그 회사와 연관된 회사들이 연쇄적으로 자리를 채운다.

지식산업센터는 어떨까? 평면적으로 시너지 효과를 내던 법인이 입체적으로 바뀌면서 그 집약성이 비약적으로 증가한다.

지식산업센터에서 회사를 운영하는 A씨와 일반 빌딩에서 사업을 하는 B씨가 있다.

A씨는 회사를 운영하면서 아래층에 있는 세무사 사무실과 세무용역 계약을 맺고 궁금한 것이 있을 때마다 직접 방문해 질의응답을 한다. 점심에는 소송과 관련해서 위층 변호사와 상담을 하고, 관련 책자 인쇄는 지하 인쇄소에서 찍어낸다. 아차! 신제품 광고 일정이 다음 주였지. 바로 옆 호실에 있는 광고 대행사에게 샘플북을 가져다준다. 그에 반해 일반 빌딩에서 사업을 하는 B씨는 이동시간에 하루 중 대부분을 소비하여 한 가지의 일도 끝마치지 못한다.

사례에서 알 수 있듯이 지식산업센터에 입주한 기업들은 업무연계가 편리하다. 하나의 회사를 운영하면서 필요한 모든 협력회사들이 한 건물 안에 다 존재할 수도 있다. 혹은 메인 거래처가 있는 지식산업센터로 이주할 수도 있다. 깔끔한 관리와 1층에 존재하는 구내식당 및 카페는 보너스다. 사업 편의를 위한 모든 시설과 관리가 되는 건물이 존재한다는 소문이 퍼지니 당연히 사업가들 사이에서는 인기가 좋다. 수요가 증가하면 당연히 가격은 오른다.

이제 공급 차례다. 지식산업센터 시행이 돈이 된다는 소문이 퍼진다. 주변 공장들은 자연스럽게 지식산업센터로 바뀌게 되고 물리적 거리가 가까워짐으로써 생기는 시너지 효과는 다시 입체를 넘어 평면으로까지 번진다. 연이은 개발에 따라 공원, 도로가 생기면서 환경도 개선된다. 이러한 연유로 지식산업센터의 메리트는 계속해서 증가한다. 이제 초창기에 공장이 즐비했던 성수동과 영등포는 강남과 비교해도 손색이 없다. 급속도로 발전되면 발생하는 젠트리피케이션은 어떨까? 안정적이다. 지역이 평면적으로 발전을 하게 되면 그 자리에 있던 임차인들은 갈 곳을 잃는다. 하지만, 지식산업센터는 기본적으로 수직으로 발전되는 형태다. 기존에 있던 임차인의 10배, 20배가 새로 들어와야 한다. 지역이 안정화되기 전까지는 오히려 임대인이 임차인의 눈치를 보는 현실이다.

'지식산업센터는 단점보다 장점이 많은 건축물이구나. 이제 직접 지식산업센터를 둘러보며 가성비가 높은 곳을 찾아야겠다.'

주식 입문자들이 우량주를 사는 것이 가장 안전하듯 지식산업센터 입문자인 나 역시 첫 지식산업센터는 성수동과 영등포를 알아보았다. 건설업은 관공서 물량 수주 때문에 본사 소재지를 서울에서 경기도로 바꾸기는 부담스럽다. 우량주인 영등포와 성수동 중에서는 디자인의 냄새가 짙은 성수동이 더 마음에 들었다.

성수동 지식산업센터가 늘어서 있는 성수일로에 서보니 확실히 감회가 남달랐다.

'와~ 좋긴 하다. 진짜 대기업 본사건물 같아.'

속으로 감탄을 자아내며 회전문을 밀고 내부로 들어갔다. 깔끔한 정장의 인포데스크 직원이 꾸벅 인사를 건넸다. 나도 모르게 90도로 인사하게 되는 인사였다.

"안녕하세요."

작은 목소리로 속삭이듯 인사하고는 로비로 들어섰다. 로비는 깔끔하게 정돈되어 있었다. 1층에는 카페와 구내식당 그리고 각종 편의시설이 있었는데, 여기를 이용하면 멀리 나가지 않아도 돼서 편하겠다는 생각이 들었다. 엘리베이터는 6대로 이용하기에 넉넉해 보였다. 화물 엘리베이터 역시 구비되어 있었다. 이는 짐이 많은 스튜디오나 인쇄소에서는 꼭 필요한 시설이다. 주차장을 둘러보았다. 지하 5층까지 뚫려있는 주차장은 호실당 1.5대로 넉넉한 주차공간을 확보하고 있었다.

'와~ 괜찮은데? 여기로 낙점해도 되겠지만, 광진구 지식산업센터도 새로 지었다니 한번 가봐야겠다.'

온 김에 다 보고 가는 것이 좋을 듯하여 시간이 촉박했지만 광진구의 지식산업센터도 방문하기로 했다.

'여기보다 더 좋을 수 있을까? 그냥 성수동으로 진행해도 되겠지만 그래도 비교는 해봐야지.'

고민이 무색하게 광진구 지식사업센터는 또 그만의 매력이 있었다. 역에서는 다소 멀지만 규모가 엄청났다. 2개의 신축 지식산업센터가 나란히 건축되어 있었는데, 그 중간에는 기부채납으로 들어온 듯한 공원시설이 위치했다. 편의시설 규모 역시 뚝섬역 지식산업센터의 몇 배는 되어 보였다. 아쉬운 점은 대중교통을 이용하기 불편하다는 것이었다. 아무래도 비역세권이다 보니 개발이 덜 된 넓은 부지를 찾을 수 있었고, 이를 무기로 내세워 분양을 한 것 같았다.

'광진구를 선택하자니 역세권이 아쉽고, 성수동을 선택하자니 규모나 거리 분위기가 훨씬 못하고. 뭘 선택해야 할까?'

고민이 깊어졌다. 내심 광진구 쪽으로 마음이 기울었다. 그만큼 공원이나 신축이 주는 인상이 강렬했다. 하지만 지하철로부터 거리가 너무 멀었다. 지금은 날씨가 좋아서 괜찮지만 한여름, 한겨울에는 직원들이 힘들어할 것이 눈에 뻔히 보였다. 다양한 입지 조건을 분석한 결과 우리 회사에 더 적합한 지식산업센터는 뚝섬역 지식산업센터라는 확신이 들었다.

생각을 마치고 뚝섬역 지식산업센터 중개사무소에 재방문을 했다. 다행히 16층에 두 개 호실이 매물로 나온 것이 있었다. 두 개의 호실은 분양면적 140평에 전용면적 70평이었다. 딱 내가 원하는 크기였다.

일반적으로 분양면적은 공용면적과 전용면적으로 구분한다. 공용면적은 복도, 화장실, 주차장과 같이 공용공간에 내 지분을 포함한 면적이고, 전용면적은 순수히 내가 사용하는 공간이라 할 수 있다. 분양면적은 이 두 면적을 합한 값인데, 전용면적을 이로 나누면 전용률이 된다. 지식산업센터의 전용률은 평균 50%다. 그리고 서비스 면적인 발코니가 있다. 발코니는 대부분 확장해서 사용하게 되는데, 코너 호실이 인기가 많은 이유는 발코니가 2면에 접하기 때문이다.

그렇다면 전용률이 높으면 무조건 좋을까? 지식산업센터는 아파트와 달리 전용률이 높다고 무조건 좋다고는 할 수는 없다. 초반에 내가 감탄한 부분은 공용공간의 활용이다. 깔끔하게 공유할 수 있는 공용공간 역시 중요하다. 그럼에도 불구하고 전용률에 신경을 많이 쓰는 이유는 가격이 분양면적x평당 분양가격으로 산정되기 때문이다. 전용면적당 가격으로 비교한다면 전용률이 낮을수록 유리해진다.

공인중개사와 함께 1609호의 벨을 눌렀다.

"실장님 여기는 뭐하는 사무실이에요?"

"과장님네랑 비슷해요. 여긴 건축사사무소에요."

"아, 그럼 혹시 이 사무실은 왜 이전하는지 알 수 있을까요? 혹시나 건물에 문제가 있거나 불편한 점이 있는 건지 궁금해서요."

기존에 있던 사람이 떠나면 뭔가 이유가 있을 것만 같았다.

"그냥 회사 사무실 규모를 좀 줄이는 것 같아요. 멀리 가는 것도 아니고, 평수만 좀 줄여서 바로 옆 건물로 이사 가요. 한 번 지식사업센터에 발 들이면 다른 건물에 못 가고, 또 성수동의 매력에 빠지면 다른 지역으로 못가요. 다 이 주변에서만 맴돌지. 그만큼 매력 많은 동네고 건물이에요."

뭔가 성수동에 대한 사랑이 느껴졌다. 1609호와 10호는 다른 것보다 뷰가 압도적이었다. 전면 통유리창으로 보이는 지상으로 다니는 지하철은 도쿄의 분위기를 풍겼다.

"과장님, 여기 눈 오면 분위기 진짜 끝내줘요. 어묵 국물이랑 사케만 가져오면 이자카야가 따로 없다니까."

실장님 특유의 넉살이 웃음을 자아냈다. 실장님의 말을 들으며 주변을 더 둘러보았다. 뒤로는 북한산이 조망되었고, 대표이사실에선 한강과 롯데월드타워가 보였다. 애초에 지식산업센터가 마음에 들었고 올라와서 본 뷰는 마음을 확신으로 바꾸었다.

"실장님, 그래서 가격은 어떻게 되나요?"

"여기 평당 1,600만 원은 줘야 되어요. 그 정도는 줘야 돼."

생각보다 높은 가격이었다.

"저 그 가격이면 보고 못 해요. 사장님이랑 조율해서 조금만 내려줘요. 우리도 이자 내고 하면 지금보다 월세는 아껴야 올 명분이 있죠."

"아이고, 알겠어요. 대신에 조정했는데 안 한다고 하면 안 돼요. 일단 조절해 보고 알려드릴게요."

실장님과 호실 투어를 끝내고 돌아가는 길에 절충된 가격을 들을 수 있었다.

"가격은 평당 1,550만 원, 총액 21억 7천만 원이에요. 대출은 한 80% 정도 나올 건데, 법인마다 대출 규모랑 금리는 워낙 달라서 따로 알아봐야 할 거예요. 은행 하나 알려줘요?"

답변이 너무 빨리 와서 정말 조정이 된 건지 애초에 그 가격이었는데 높게 불렀던 건지 의심이 들었다.

"네, 부탁 좀 드릴게요. 제가 운전 중이라 문자로 좀 찍어주세요."

전화를 끊고, 소개받은 곳보다 원래 알던 은행 지점장에게 전화를 걸었다.

"지점장님, 안녕하세요? 잘 지내시죠? 다름이 아니라 지식산업센터 매입을 알아보고 있어서 연락드렸습니다. 실사용 사무공간인데 대출이 어떻게 될까요? 제가 너무 두서없이 본론부터 꺼낸 것 같네요. 죄송해요."

"괜찮습니다. 하하. 분양이에요? 분양이면 취득세 50% 경감에, 재산세 37.5% 감면해 주는 것 알고 있죠? 언제 또 가서 분양까지 받았대?"

바로 분양물건인지 매매물건인지 기분 나쁘지 않게 떠보는 지점장의 수에 감탄이 나왔다.

"저는 아쉽게도 매매예요. 분양이면 시세가 아니라 분양가와 연동되는 대출만 가능해서 그러는 거죠? 한 20억 정도 하는 것 같던데 몇 %까지 나올까요?

지점장이 자료를 뒤적거리는 소리가 수화기 너머로 들렸다.

"그 정도면 80%~90% 정도 나올 거예요. 금리는 2% 초반 정도? 근데 잘 받으려면 지식산업센터에 대한 지식이 있는 지점장한테 대출받는 것이 나을 겁니다. 아파트랑 다르게 지식산업센터는 이해도가 있는 지점이 대출이 잘 나와요."

아파트 담보대출의 금리가 2% 초반이고, 일반 신용대출이 3%대니까 괜찮은 조건으로 느껴졌다.

"감사합니다. 구체적인 조건표 부탁드릴게요!"

금리와 대출한도가 차이가 꽤 난다고 들어서 기존 법인 거래은행과 중개사무소에서 소개받은 은행에 추가로 전화를 넣고 하루를 끝마쳤다. 최종적으로 받은 대출한도와 금리는 83%, 2.1%였다. 사옥 이전에 대한 계획이 세워졌다.

"아버님, 말씀하셨던 사옥 이전에 대해 알아보고 왔습니다. 광진구랑 성수동 두 군데 지식산업센터가 괜찮던데 한번 보시겠어요? 저번에 말씀하신 문정동은 가격이 너무 오르기도 했고, 향후 발전 가능성을 보면 성수동이 나을 듯합니다. 성수동 정도면 디자인하는 회사한테는 거리 이미지도 나쁘지 않고, 거래처가 많은 강남과 종로랑도 거리가 가깝습니다."

보고 자료를 한참을 보던 대표이사는 법인인감을 내어주면서 계약을 진행하라고 지시했다.

"저 혼자요? 그래도 한번 같이 보시긴 해야 하지 않을까요?"

당황한 내 질문에 대표이사의 답변은 간단했다.

"보는 건 집에 가는 길에 한번 들러 볼게. 부동산업무 해봤다고 했으니까 계약은 네가 알아서 진행하고 와."

대표이사실을 나와 자리에 앉았다. 뭔가 내 결정 하나로 회사의 큰 틀 중 하나가 움직인다고 생각하니 겁도 나고 머리가 복잡해졌다. 펜을 들어 새로 옮기는 사옥의 메리트를 적어보았다.

내 판단에 좀 더 확신이 생겼다. 다만 이번 거래는 매매거래이므로 4.6% 취득세에 해당하는 구천만 원과 자기자본(내 현금) 삼억이 필요했다. 이전하게 되면 이자가 월 이백사십만 원이었다. 기존에 내던 월세보다 팔백만 원을 절약하게 되었다. 애당초 받은 고정비 삭감 미션을 꽤 괜찮게 완수했다는 생각이 들었다.

사옥 메리트

- 편리한 주차
- 깔끔하고 정돈된 건물 분위기
- 밀집된 법인간의 거리
- 강남에 비해 저렴한 월 이용료
- 저금리의 높은 대출 비율
- 여의도,강남,종로와 높은 접근성

CHECK POINT

관련법규 검토

<table>
<tr><th colspan="2">구분</th><th colspan="2">내용</th></tr>
<tr><td colspan="2">관련법규</td><td colspan="2">▷ 산업집적 활성화 및 공장설립에 관한 법률
(산업집적법)</td></tr>
<tr><td colspan="2">법률정의</td><td colspan="2">▷ 동일 건축물에 제조업, 지식산업 및 정보통신산업을
영위하는 자와 지원시설이 복합적으로 입주할 수 있는
다층형(3층이상) 집합건물로 6개 이상의 공장이 입주
할 수 있는 건축물
(산업집적법 시행령 제4조의 6)</td></tr>
<tr><td rowspan="4">입주업종</td><td rowspan="3">공장시설</td><td>제조</td><td>▷ 첨단업종 및 도시형공장
(산업집적법 시행령 제28조)</td></tr>
<tr><td>지식산업</td><td>▷ 연구개발업, 건축기술 및 엔지니어링 서비스업,
광고물작성업, 영화 등 제작업, 출판업,
전문디자인업, 기업부설연구소 등</td></tr>
<tr><td>정보통신</td><td>▷ 컴퓨터시스템 설계 및 자문업,
소프트웨어 자문개발 및 공급업, 자료처리업,
데이터베이스 및 온라인 정보제공업,
기타컴퓨터 운영관련업, 전기통신업</td></tr>
<tr><td>지원시설</td><td colspan="2">▷ 금융, 보험, 교육, 의료, 무역, 판매업
▷ 물류시설, 보육시설, 기숙사
▷ 건축법시행령 상 근린생활시설(일부)
▷ 문화 및 집회시설, 운동시설</td></tr>
</table>

세제 및 정책자금지원

<table>
<tr><th>구분</th><th>내용</th></tr>
<tr><td>세제 혜택</td><td>▷ 취득세 50% 감면
: 지방세특례제한법 일부 개정에 따른 감면비율 조정

▷ 재산세 37.5% 감면</td></tr>
<tr><td>자금
지원</td><td>▷ 중소기업진흥공단자금(중소기업청) : 18년 4분기 적용
<table>
<tr><th colspan="2">구분</th><th>기준금리</th><th>대출금리</th><th>대출한도</th><th>대출기간</th></tr>
<tr><td rowspan="2">창업지원
지원자금
(업력7년미만)</td><td>시설자금</td><td rowspan="4">2,3%
(정책자금
기준금리)</td><td rowspan="2">기준금리
0.3%차감</td><td>60억</td><td>10년</td></tr>
<tr><td>운전가금</td><td>5억</td><td>5년</td></tr>
<tr><td rowspan="2">신성장
기반자금
(업력7년미만)</td><td>시설자금</td><td rowspan="2">기준금리
0.5%가산</td><td>60억</td><td>10년</td></tr>
<tr><td>운전자금</td><td>5억</td><td>5년</td></tr>
</table>

▷ 경기도 중소기업육성자금 : 18년 4분기 적용
<table>
<tr><th colspan="2">구분</th><th>기준금리</th><th>대출금리</th><th>대출한도</th><th>대출기간</th></tr>
<tr><td>지식산업센터
입주비용</td><td>시설자금</td><td>3%</td><td>15억</td><td>소요금액
80%이내</td><td>8년</td></tr>
</table>
</td></tr>
</table>

지식산업센터 기능의 변화

과거 : 아파트형 공장

[사무실] 업무+창고+조업공간

[근생] 편의점+음식점 위주 배치

현재 : 지식산업센터 (첨단복합업무기능)

[사무실] Intelligent Office

[근생] 편의+금융+병원+레스토랑

[편의] 휘트니스+골프장

[주거] 기숙사

지식산업센터 트렌드 변화

지역LAND-MARK / 브랜드

전용률 ▶ 50% 이상(개선)

주차공간 ▶ 170% 이상 확보

단위호실 ▶ 세분화 (20~30평)

효율성 / 편리성 / 실용성 선호

· 근린생활시설
· 기숙사
· 섹션오피스
· 대규모 복합상가

산업-업무-주거-상업 기능 복합

투자수요 접근성 증가

지식산업센터 특성

입주업종지정
제조/정보통신/정보산업

세제혜택
입주시 취득세 및 재산세 감면

정책자금지원
지자체 등

"근무환경개선 / 사옥마련실현 / 자산가치상승"

지식산업센터 수요자 변화 및 타 상품간 비교분석

서울 지식산업센터 평균 평당 매매가 추이

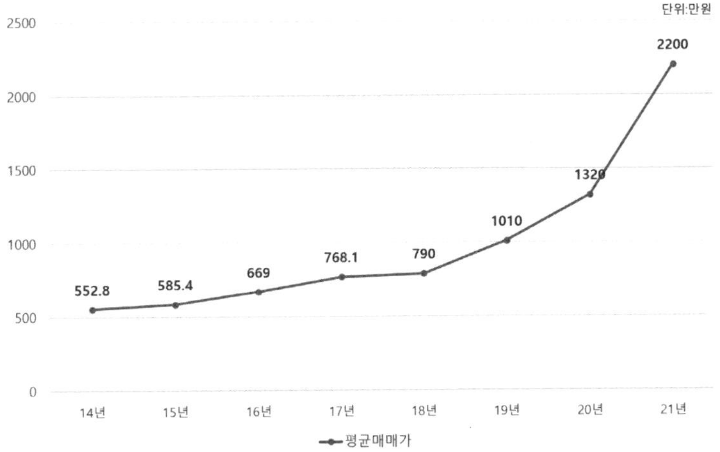

자료: 부동산114 참조

지식산업센터 관심도

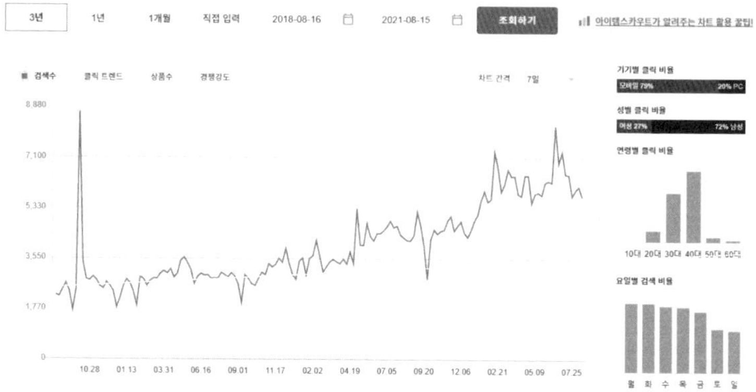

출처: 아이템스카우트

지식산업센터 분양 관심도

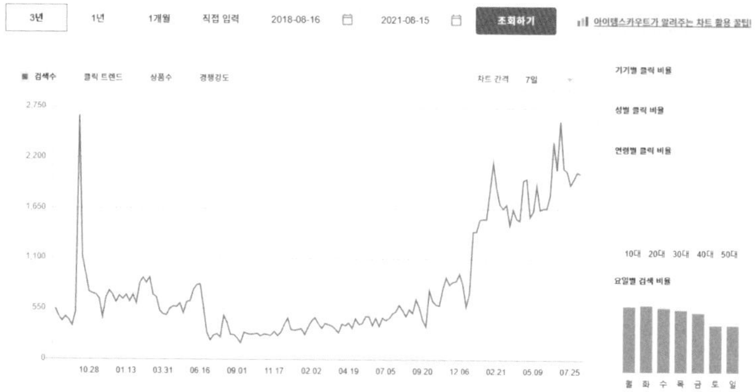

출처: 아이템스카우트

아파트 분양 관심도

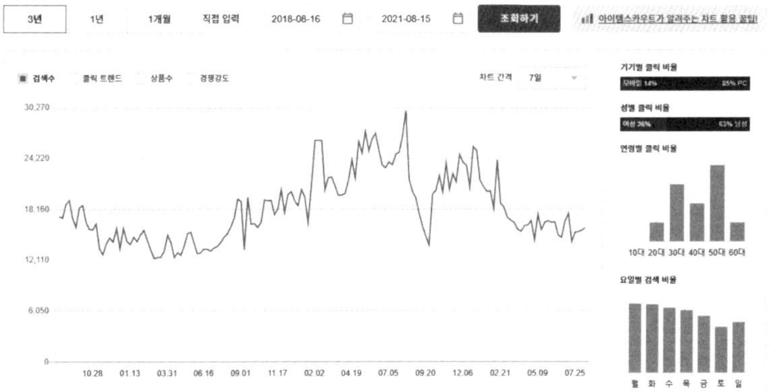

출처: 아이템스카우트

은행 알아보기

1. 은행은 기존 거래 은행, 부동산에서 추천받은 은행, 지식산업센터 실적이 많은 지점에 질의(하기)

2. 최소 3군데 이상의 지점에 한도와 금리를 물어보기

제3장

지식산업센터 현황

" 10년 이상 주식을 보유하고자 하는 생각이 없다면 10분도 보유하지 마라 "

- 워렌버핏 -

이야기로 읽는
지식산업센터
투자

3장

지식산업센터 현황

"10년 이상 주식을 보유하고자 하는 생각이 없다면 10분도 보유하지 마라."

- 워렌버핏 -

지식산업센터 매매 계약서에 도장을 찍었다. 외근을 나왔는데 그냥 돌아가긴 아쉽고 예쁜 카페를 찾아 커피 한 잔의 여유를 즐기기로 했다.

'나도 개인적으로 하나 사볼까? 해도 될까? 일단 아내한테 물어봐야겠다.'

일을 끝마치고 퇴근길에 맥주 두 캔을 사 들고, 내 마음을 조심스럽게 표현했다.

"여보님, 저 뭐 하나만 물어봐도 될까요?"

맥주를 마시며 즐거워하던 와이프의 눈에서 불안감이 언뜻 내비쳤다.

"뭐? 그렇게 말하지마. 무섭단 말이야."

"아니. 다른 게 아니라, 지식산업센터 하나 해보니까 괜찮은 것 같더라구. 우리 대출 풀로 끌어서 한번 투자해 보는 건 어때?"

"안돼. 무서워. 우리 주택담보대출도 있는데, 빚 더 늘리는 건 별로인 것 같아."

단호한 거절에 당황했지만, 꼭 해보고 싶었던 투자라 설득을 이어갔다.

"물론, 여보 말이 맞아. 그런데 우리 주택담보대출 이자 비용 잘 생각해 봐. 지금도 허덕이는데, 원리금 상환으로 넘어가면 어떻겠어? 지식산업센터 잘하면 원리금 중에서 원금은 그 수익금으로 상환할 수 있어."

며칠간 고민해 보겠다던 와이프는 결국 지식산업센터 투자를 허락해 주었다.

'아싸!'

실사용이 아닌 개인 임대차 투자였기 때문에 살펴볼 것이 더 많았다. 구체적인 투자 정보를 모으려 했지만, 주변 사람들도 지식산업센터는 잘 알지 못했고 인터넷에도 정보가 부족했다. 지식산업센터는 아직 대중들에게 덜 알려진 분야였다. 정보를 구하기 힘들수록 더 흥분되기 시작했다. 원래 유명하지 않은 섹터가 돈이 되는 법이다. 지도를 펼쳐 지식산업센터의 현황을 파악하여 표시했다.

(단위 : 만 원)

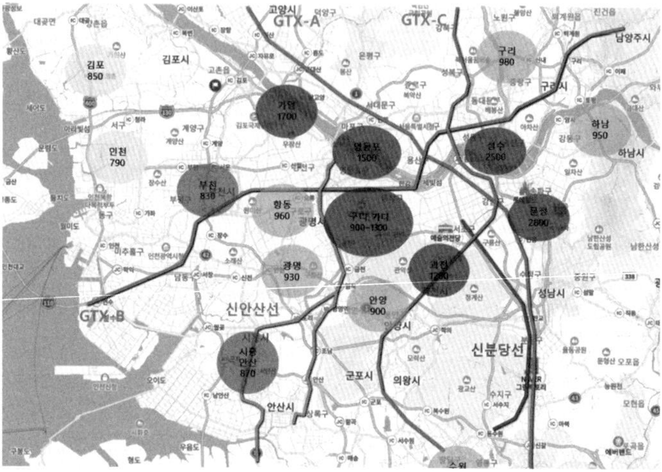

-지식산업센터 매매가격 분포도-

영등포, 성수, 문정 지식산업센터 3대장을 중심으로 서쪽으로는 고양, 인천, 동쪽으로는 구리, 하남이 뜨고 있었다. 남쪽에는 의왕과 군포가 호재가 가장 많았다. 여기에 신분당선과 신안산선의 지하철노선, GTX의 노선을 합쳐보면 전반적인 지식산업센터의 흐름이 눈에 보였다.

성수는 수도 발전의 메카인 강남, 여의도, 종로의 중심에 위치한다. 기존 개발 지역과의 높은 물리적 접근성은 향후 추가 가치 상승에 있어 강력한 유인 효과를 발휘한다. 영등포는 금융의 메카인 여의도와 높은 접근성을 자랑했고, 문정은 강남과 거리적 근접성이 높고 남동쪽으로 뻗어

나가기 간편하다. 용인과 수원은 반도체 산업의 수요 상승으로 인해 개발 속도가 가속화되고 있었다. 시흥, 안산은 기존에 공장용지가 풍부하고 토지가격이 저렴했다. 항구와의 접근성으로 인하여 수출 편이성 또한 장점이다. 실제로 인천과 시흥은 사업을 영위하는 사람들에게 실사용으로 인기가 많은 곳이다. 하남과 구리는 IC를 통해 남쪽으로 뻗어나가기 편하다. 신도시 개발로 거주 공급이 빠르게 늘고 있어 직주 근접을 중요하게 생각하는 기업들의 이전수요가 꽤 있다.

'괜찮은 곳은 충분히 많다. 그렇다면 나는 어디에 투자를 해야 할까? 가격 하락 시 방어가 가능하고, 상승 시에는 가장 많이 오를 곳을 찾아야 한다. 그리고 빠른 임대나 관리를 위해서는 회사나 집에서 가까운 곳이 더 좋을 것 같아.'

생각은 깊어졌지만 미래의 일은 아무도 모르기에 머리만 지끈 거렸다.

'아무래도 평일 낮동안 관리를 해야 하니까 회사에서 가까운 곳이 나을 것 같아. 성수동은 대장주이기도 하니까 가격하락의 폭은 더 적을거야. 만약 가격이 떨어져도 금새 주변에서 채울테니까 다시 올라가겠지? 아파트도 강동구 쪽 가격이 하락했을 때 하남에서 강동으로 이주가 많아져서 가격이 다시 오른 적이 있잖아. 아무래도 서울이 안전할거야. 지식산업

센터도 비슷하겠지. 욕심내지 말고 안전하게 가자.'

이미 몇 개의 지식산업센터를 보유하고 있거나 현금흐름이 충분하다면 더 높은 수익률을 낼 수 있는 서울 근교나 지방을 알아봤겠지만, 처음은 안전하게 진행하고 싶었다.

성수동의 가장 큰 약점은 지가 상승에 비해 임대료가 오르지 않는다는 점이었다. 3년간 가격은 거의 3배가 되었지만 임대료는 그대로다.

'매년 성수동에서 분양을 하니까 공급이 일정하게 유지되어 임대료가 오르지 않는 걸까? 이와는 별개로 동네 자체가 개발되니 매매가는 오르는 거고?'

이런 흐름이 지속되면 투자금 대비 월세 수익률이 낮아지므로 투자수요가 줄고 지가 상승도 제한적으로 변할 것으로 판단됐다. 리스크는 또 있었다. 바로 금리 상승이다. 금리가 올라가면 임대사업자의 경우에 수익률이 낮아지고 무리해서 투자를 한 사람들은 부동산을 매각해야 한다. 그러면 전체적인 부동산 가격의 하락으로 이어질 수도 있다. 물론 임차인에게 부담을 전가시켜 월세를 인상할 수 있으면 회피 가능한 리스크이기도 하다. 이렇게 산정 가능한 리스크를 미리 파악해두고, 각종 시그널이 보일 때마다 매수/매도 전략을 적절히 구사하기로 했다. 현재 상황에서 매수 적정가를 산정하기 위해 사업수지표를 작성했다. 현재 임대료를 기준으로 6%의 수익률일 때까지는 매수할만하다고 판단했다. 한계 매입 가격은 평당 1,900만 원으로 산정했다.

'가격 상승이 좋아도 임대료가 받쳐주지 않는다면 매입해서는 안 될 것 같아. 지식산업센터가 수익형 부동산인만큼 그 본질을 잃어버린 투자는 위험해.'

아무리 좋은 물건이라도 그 이상의 가격을 요구하면 단호하게 거절하기로 다짐했다.

CHECK POINT

서울시 소재 지식산업센터 (곳)

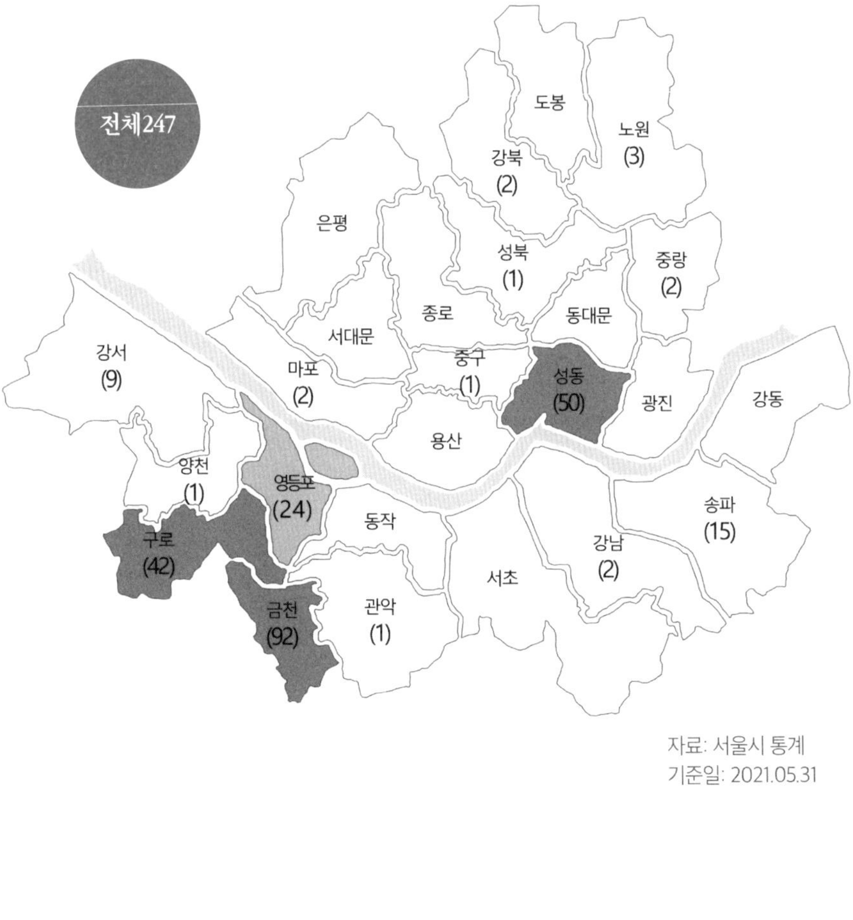

자료: 서울시 통계
기준일: 2021.05.31

이야기로 읽는
지식산업센터
투자

제4장

지식산업센터 전매 투자

" 멈추지만 않는다면 천천히 가도 상관없다 "

- 공자 -

이야기로 읽는
지식산업센터
투자

4장

지식산업센터 전매 투자

" 멈추지만 않는다면 천천히 가도 상관없다 "

- 공자 -

'투자를 결정했으니 여기저기 발품을 팔아야 할 때다.'

쉽게 얻을 수 있는 상품은 좋은 상품이 아니다. 발품으로 옥석을 가릴 눈을 기르고, 한 번씩 튀어나오는 기회를 잡아야 한다. 인터넷에서 영업사원의 연락처를 찾아 두어 군데 연락을 넣어 두었다. 현장의 생생한 이야기를 듣기 위해 지역 부동산 중개사무소를 돌아다니며 이야기를 나눴다.

'경매보다 급매!'

부동산투자자 사이에 통하는 격언 중 하나다.

중개사무소 실장님들과 친해지면 두 가지 장점이 있다. 첫째는 좋은 정보가 나한테 먼저 들어온다는 것, 둘째는 크로스 체크를 통해 사리사

욕을 배제한 의견을 들을 수 있다는 것이다. 좋은 물건이 나오면 어떻게 하겠는가? 중개 의뢰가 들어온 물건이 아니면 본인들이 직접 챙길 것이다. 그래서 성수동 공인중개사는 분양 혹은 주변 공인중개사의 소개로 성수동 지식산업센터를 소유한 사람들이 많다. 투자가 끝나면 조금이라도 친한 사람에게 물건을 주는 것이 인지상정이다. 특히 2020년은 성수동에 훈풍이 강하게 부는 시기라 중개사한테 쿠키나 커피를 가져다주면서 친해지려는 매수자들이 많았다.

나 역시 거의 매일같이 중개사무소에 방문해 수다를 떨며 그들과 친해지려 노력했다. 하지만 물건을 소개받아 방문하고 실망하는 일이 반복되니 점점 지쳐갔다.

'투자하지 말까? 물건 구하기 어렵네.'

그만 성수동 바닥을 떠나 다른 곳으로 가볼까 하던 찰나 한 통의 전화가 왔다.

"과장님, 안녕하세요? 물건 하나 괜찮은 거 있어서 연락드렸어요. 연면적(건축물의 바닥 면적의 총합)이 적어서 좀 그렇긴 한데, 주변 지식산업센터보다 평당 200만 원이나 저렴해요. 들어가시면 좋을 것 같아서요."

"주소 한번 알려주시겠어요? 오늘 바로 방문해보고 연락드릴게요."

- 3면 발코니 지식산업센터 도면 -

직접 방문해야 구체적인 전망, 채광, 거리의 분위기를 느낄 수 있다. 지식산업센터의 불빛이 꺼지지 않은 시간대에 방문해서 거리의 분위기를 느꼈다. 마무리 공사가 진행 중인 지식산업센터 주변 분위기는 나쁘지 않았다. 도로가 인접해 있으나 조금 안쪽에 위치해 있어 업무를 진행하기에는 조용한 것이 인상적이었다. 게다가 나한테 넘어온 곳은 3면이 발코니로 채광이 잘되고, 서비스 면적이 11평이나 되어서 전용면적 확보가 훨씬 유리했다. 낮은 연면적이 마음에 걸렸으나 다른 장점이 이를 상쇄했다. 층수는 3층이었는데, 지식산업센터는 어정쩡한 층수보다 낮은 층수가 더 인기가 많은 편이다.

크로스 체크를 위해 친하게 지내던 공인중개사무소에 연락을 했다.

"실장님, 저 이번에 지식산업센터 하나 하려고 하는데, 자료 메일로 보냈거든요. 괜찮은지 한 번 봐주시겠어요?"

"잠시만요. 자료 좀 켜볼게요. 이 정도면 괜찮은데요? 잡아요. 요즘 물건 잡기 어려워."

점점 매수쪽으로 마음이 기울어졌다. 다른 것보다 삼면 발코니라는 점이 가장 마음에 들었다. 물론 건물 자체는 주변 건물보다 뒤 떨어지지만 호실 자체의 강점이 워낙 강해서 길게 봐도 매력이 충분해 보였다.

이제 분양권을 살 사업자가 필요했다. 앞서 말했듯이 지식산업센터는 집합사옥이다. 사업자만 소유할 수 있다는 뜻이다. 사업자는 크게 개인사업자와 법인사업자로 나뉜다. 개인사업자는 개설이 간편하고 수익금 이용에 별다른 절차가 없다. 그에 반해 법인사업자는 절차가 복잡하다. 말 그대로 법으로 만들어진 인간이다. 즉 나와는 별개인 존재인데, 설립 시 비용이 백만 원정도 든다. 수익금을 사용하는 방법 역시 배당금 혹은 월급으로만 가능하다. 또한 신생법인은 개인사업자보다 대출이 안 나올 가능성이 훨씬 크다. 새로 태어난 존재인 만큼 신용이 떨어지기 때문이다. 이러한 사유로 대부분의 투자자는 개인사업자의 자격으로 지식산업센터를 매입한다. 나 역시 매입을 위해서 개인사업자를 개설하기로 마음먹었다.

이번 거래는 일반적인 매매나 분양이 아닌 전매거래였다. 전매는 분양권을 가진 사업자에게 그 분양권을 매수하는 거래를 칭한다. 전매는 중도금 대출 가능 여부 확인 -> 계약금 입금 및 매매 계약서 작성 -> 사업자등록증 발급 -> 매매 계약서 검인 - > 은행 방문 중도금 대출 승계 -> 원본 계약서에 권리 의무 승계 작성 -> 시행사/시공사/신탁사 동의 날인 순으로 진행된다.

중도금 대출 가능 여부를 확인하기 위해서는 중도금 대출 은행에 직접 방문하여 본인의 신용도로 중도금 대출 승계가 되는지 질의해야 한다. 간혹 팩스로 자료를 보내고 받는 경우도 있으나 대부분 대면 면담을 하는 편이다. 본인의 신용도에 따라서 대출 승계가 안되는 경우도 있으니 계약 전에 반드시 확인해 보는 것이 좋다.

확인이 끝나면 매수인과 매도인은 만나서 계약서를 작성하고 계약금을 주고 받는다. 분양권 전매는 부동산중개사의 보증이 들어가는 것이 아니라 당사자간의 계약이니 좀 더 신중을 가해야 한다. 계약서에 있는 특약사항과 금액 및 면적을 꼼꼼히 살펴보고 진행한다. 또한 사업자등록증과 인감증명서를 확실하게 확인하고 사업자등록증 상 주소가 실존하는지도 체크해 볼 필요가 있다.

매매 계약서를 가지고 구청에 방문해서 부동산 정보과에서 검인을 받아야 한다. 검인받은 매매 계약서를 가지고 중도금 은행에 방문해서 대출을 승계하면 큰 작업은 얼추 마무리가 된다.

그 뒤 다시 홍보관을 방문하여 분양 계약서 맨 뒷면에 권리 의무 승계라는 칸에 서로 인감 날인을 하고 필요한 서류를 제출해야 한다. 보통 분양권을 취득할 때 필요한 서류와 유사하다. 권리 의무 승계란이 작성된 분양 계약서 사본은 은행에 제출하고 시공사, 신탁사, 시행사에게 동의 날인을 받으면 된다. 보름 정도 소요되는 편이며 등기로 받는 경우가 대부분이다.

거래시 공급가액과 부가세를 구분하여 확인해야 한다. 대지분은 면세, 건물분은 과세인데 과세분 세금계산서를 발행받지 못하면 부가세를 환급받지 못한다. 납부한 부가세는 매달 25일 전에 조기환급 신청을 진행하면 보름 내로 환급받을 수 있다. 현금흐름을 신경쓰는 투자자는 거래도 23일 정도에 진행하는 편이다.

나와 거래를 하는 매도자는 준공 1달 전 분양권 거래를 요구했다. 지식산업센터는 전매가 가능해서 분양권을 거래할 수 있는데, 가끔 매도자 측이 현금 프리미엄을 요구하는 경우가 있다. 양도세를 줄이려는 목적이다. 이걸 단순히 웃돈이라고만 생각하면 안 된다. 지식산업센터는 보유 기간에 따라 양도세율이 다르지만 계산의 편의를 위해 양도세율을 50%로 가정하면 웃돈이 삼천만 원일 경우 판매가가 육천만 원이 올라도 세금(양도세 삼천만 원)을 내고 나면 이익이 없다. 다행히 이번 거래는 프리미엄을 요구하지는 않고, 매도인이 돈이 갑자기 필요해서 판매하기로 한 경우였다.

'해당 물건에 대한 임대사업 수지표를 만들어봐야겠다.'

어느 입지가 나을지, 부동산을 취득할지말지 고민할 때는 주변 임대료와 투자금액으로 사업수지표를 만들면 판단에 도움이 된다. 그 때 원금이 다른 곳에 투자를 했을 시 안정적으로 얻을 수 있는 이자에 대해선 간과하는 경우가 많은데, 나는 이것을 꼭 넣어서 수지표를 만들고 있다.

(단위 : 원)

	내용	금액	비고
투자 수지표	분양가	700,000,000	
	부가세	40,000,000	
	중개수수료	2,000,000	분양권거래수수료
	취득세	32,200,000	
	원금	144,200,000	투자원금
	대출금	560,000,000	대출금
	원금이자	7,210,000	기회이자비용5%
	대출금이자	13,440,000	연이자 2.4%
	보증금	30,000,000	
	연임대료	30,000,000	
	연수익금	9,350,000	
	수익률	6.48%	자기자본수익률

- 사업 수지 -

사업수지표를 만들고 수익률을 산정해보니 주로 돈을 보관하는 리츠(Real Estate Investment Trusts, 부동산투자를 전문으로 하는 뮤츄얼펀드)보다 수익률과 기대가치상승효과가 커 보였다. 또한 주식보다 레버리지 효과(대출 등과 같은 금융기법을 통해 투자 원금에 대한 수익률 대비 총 투자금에 대한 수익률이 지렛대 원리와 같이 극대화 되는 효과)가 크므로 가치상승에 대해선 투자수익이 극대화될 것으로 판단되었다.

발생 가능한 리스크를 염두에 두고 사업수지표 작성을 마치자 머리가 맑아지고 투자에 대한 판단이 섰다. 좋은 기회는 늘 빠르게 사라지는 법이다. 기회의 신은 모든 머리가 사람들에게 뜯기고 앞 머리카락만 세 가닥 남았다고 하지 않는가? 나는 곧바로 중개사한테 전화를 걸었다.

"실장님, 제가 하겠습니다. 다른 사람한테 연락하지 말고 저랑 바로 진행하시죠. 가계약금 필요하면 바로 걸게요."

"네, 알겠습니다. 가계약금은 100만 원정도만 입금해 주시고, 다음 주 중에 미팅 잡겠습니다."

100만 원을 공인중개사 명의로 송금했다. 가계약금은 공인중개사를 통해서 입금하고 입금확인증을 받는 것이 더 안전해 보였다. 전매거래에서는 공인중개사의 보증이 들어가지 않는 경우가 종종 있다. 그래서 일반적인 공인중개 수수료 0.9% 이내 협상과는 달리 1~2백만 원 수준의 낮은 수수료를 받고 중개가 이루어진다. 거래에 대한 모든 책임은 각 당사자가 지게 되니 조심하도록 하자.

고대하던 일주일이 지났다. 드디어 오늘이 거래일이다.

거래를 마무리하고 중개사님의 밝은 목소리를 들을 수 있었다.

"자, 이제 일주일 정도 있으면 시공사와 시행사(건축물을 기획하고 사업의 주체가 되는 자)가 확인 도장을 찍어줄거에요. 그러면 모든 계약이 끝나니 발 뻗고 집에서 주무시면 됩니다. 매수자님은 구청에 검인받으러

가셔야 하니까 저랑 같이 가시죠. 제가 태워다 드릴게요."

그 이야기를 들을 때까지만 하더라도 정말 검인만 받고, 발 뻗고 잠만 자면 되는 줄로만 알았다.

하지만 검인을 받고서도 일주일이 지나고 이주일이 지나도 시행사 검인은 이루어지지 않았다. 시행사 측에서 확인 도장을 찍어주지 않는다는 것이었다. 은행대출 금리를 미리 조회했었는데, 그 기한이 한 달이었고 지금 생각하면 은행의 으름장이었지만 한 달 뒤에는 대출이 나오지 않을 수도 있다고 했다. 대출이 나오지 않으면 계약금을 날릴 수도 있다는 생각에 덜컥 겁이 났다.

몇 번을 연락을 해봐도 시행사에서 약간의 커미션을 요구하는 것 같으니 기다려달라는 답변만 돌아올 뿐 아무런 조치가 취해지지 않았다. 다행히 신탁사가 예전에 함께 일했던 신탁사라서 전화를 걸어 자초지종을 물었다.

"팀장님, 안녕하세요? 잘 지내시죠? 괜히 부탁드릴 때만 이렇게 전화를 하네요. 죄송할 따름입니다."

"괜찮습니다. 과장님도 잘 지내시죠? 무슨 일이세요?"

"다름이 아니라 뚝섬역 지식산업센터건 A 신탁에서 진행하던데 시행사 검인이 이루어지지 않아서요. 도대체 왜 그런 걸까요?"

“저희도 이상하게 여기고 있어요. 이런 적이 없었는데 단순히 검인을 뒤로 미루고 있네요. 그래도 거래 당사자들끼리 합의는 끝났으니 큰 걱정은 안 하셔도 될 것 같습니다. 시행사가 날인하고 저희한테 서류 보내면 저흰 최대한 빨리 찍어 드릴게요.”

“네, 감사합니다. 혹시 무슨 일 있으면 지속적으로 피드백 좀 해주세요.”

신탁사와 통화를 마쳐도 거액이 들어가는 첫 투자라 그런지 마음은 계속 불안하기만 했다.

‘이렇게 스트레스를 받을 거면 그냥 계약을 해지할까? 어차피 내 과실이 아닌 상대방의 과실이니까 계약금 돌려줘야 하지 않나? 아니지. 상대방 과실이면 계약금의 배액상환이지. 난 계약금만 돌려 받아도 되니까 아쉬울 것이 없어. 내용증명을 보내고 거래를 해지해야겠다. 지금도 계속 나만 불안해서 여기저기 알아보고 매도자는 편하게 지내잖아. 이건 공평하지 않아.’

계약 해지를 통보하기 위한 내용증명을 작성하였다. 내용증명은 우체국에서 보내는 공적인 서류로서 송신인과 수신인 그리고 우체국에서 한 통씩 보관하여 향후 소송 시 증빙 자료가 된다. 하지만, 법적 효력이 있는 자료는 아니기 때문에 내용증명을 보내고 나서는 바로 소송에 착수하는 것이 현명하다.

내용증명을 보냈지만, 매도자는 아무런 답변을 하지 않았다.

'뭐지? 왜 답변을 안 하는 거야? 무시하는건가? 내가 만만한가?'

담당 중개사무소 실장에게 전화를 걸었다. 매도자는 매수자와 직접적인 대화보다는 실장을 통한 대화만 원한다는 답변과 함께 시행사 검인은 조금만 더 기다려달라는 요청이 왔다.

법인명
회사 주소
TEL)010-0000-0000

문서번호 : 20200923-001호 2000. 00. 00
수 신 : 상대법인 / 대표 000
법인 주소
발 신 : 법인명 / 대표 000
회사주소

제 목 : 지식산업센터 분양권 전매 계약 해지 관련件

1. 귀 사의 무궁한 발전을 기원합니다.

2. 2020. 00. 20(요일) 물건명 분양권 전매를 진행한 바 있습니다.

3. 2000. 00. 00(요일) 계약금 000,000,000원을 귀사(양도인)에게 00에서 납부하였습니다.

4. 2000. 00. 00(요일) 계약 당사자인 시행사의 동의 날인을 받기로 하였으나 일방적으로 취소된 뒤 2000. 00. 00(요일) 현재까지 분양권 권리의무승계가 완료되지 않고 있습니다.

5. 이와 관련하여 2000. 00. 00(요일)에 귀사로 두차례 문자 메시지와 전화를 하였으나, 귀사는 답변을 주기로 한 뒤 어떠한 응답도 하지 않고 있는 상황입니다.

6. 계약 당시 업무과다로 시행사 검인이 다소 늦어질 것이란 설명과 달리 시행사 측에서는 매도인이 분양계약당사자에게 동의를 구하지 않고 단독으로 진행한건이므로 권리의무승계가 불가하다는 답변을 주었습니다.

7. 이러한 상황을 고려하였을 때 권리의무승계에 아무런 문제가 없는듯이 거래를 진행하고 연락이 되지 않는 귀사는 당사를 기망하여 재물의 교부를 받았다고 사료 됩니다.

8. 또한 당사는 지속적으로 의무승계가 되지 않을 시 거래 해지 절차에 들어갈 것임을 영업사원을 통해 알려드리고, 문자를 통해 고시하였으며 전화통화를 시도한 바 있습니다.

9. 계약해지의 귀책이 귀사에 있는 바 계약금의 배액 상환(000,000,000원*2)을 요구하오니 업무의 조속한 진행을 요청드립니다.

10. 내용의 전문은 2000.00.00(요일) 영업사원을 통해 보내드렸기에 2000.00.00(요일)까지 답변이 없을시 당사 의견에 동의하는 것으로 업무를 진행하겠습니다.

법인명
대표 0 0 0

-내용증명 샘플-

거래가 끝나고야 느꼈던 것이지만, 매도자 입장에선 탁월한 선택이었다. 괜히 매수자와 직접적으로 연락을 하면 얼굴만 붉힐 것이 뻔했기 때문이다. 중개사를 통해 의견을 전달하면 아무래도 감정이 상할 일은 줄어들게 된다. 한 달의 시간이 지났을 때 모종의 거래가 오고 갔을 것으로 추정되는 시행사 측의 날인 요청이 수락되었다.

동의 날인을 받으러 간 날 또 말도 안 되는 소리가 이어졌다.

"공사를 진행하며 부득이 면적이 1평 정도 줄게 되었습니다. 날인 전에 동의 도장을 받아야겠습니다."

'아, 이런 변경 통보를 하기 위해서 이렇게 시간을 끌었던 건가? 지치게 해서 확인 도장을 배상없이 찍게 하려고? 그냥 계약을 무산할까? 내가 거래하기로 한 평수가 줄었는데, 충분히 무산할 사유가 되지 않나? 1평이면 평당 금액으로 하면 거의 이천만 원인데, 아무리 분양가 대비 현재 시세가 올랐다고 하지만 너무 과한 처사 아닌가?'

짜증이 나서 계약을 해지하고 싶었지만, 이 거래를 위해서 애쓰고 스트레스를 받았던 시간이 아까워 선뜻 해지라는 단어를 입에서 꺼내지 못했다. 여기서 거절하면 또다시 매도자 측과 싸워야 하고 동의하면 더 이상

권리관계 문제로 다툼은 하지 않아도 된다는 생각이 들었다. 게다가 이미 투자를 마음 먹었으니 투자도 하루 빨리 마무리하고 일상으로 돌아가고 싶다는 마음도 함께 들었다.

'그래 날인하자. 또 언제 좋은 물건 찾고 투자하겠어? 이정도면 충분해.'

시행사와 매도자로부터 줄어든 평수에 대한 금액을 정산받지는 않았다. 대신 계약일을 검인이 찍힌 날로 바꿔서 이자 비용 부담자를 나에서 매도자로 바꾸기로 했다. 드디어 경제적 자유를 위한 든든한 파이프라인 하나가 개설되었다. 부동산은 가격 변동의 폭이 그리 크지 않다. 또한 취득세 납부, 계약서 작성 등의 절차로 인해 환금성이 떨어진다. 덕분에 시세 변동에 스트레스를 덜 받을 수 있다. 조금 올랐다고 혹은 떨어졌다고 팔 상품이 아니기 때문이다.

'주식이나 다른 투자처는 수익률이 만족할 만큼 나와도 계속 신경써야 하니까 뭔가 돈에 종속 되는 느낌이 있었지. 그런데 부동산은 임대수익률만 원하는 만큼 나오면 신경쓸 일이 적어서 돈으로부터 진정한 독립이 가능하구나.'

CHECK POINT

부자의 마인드SET

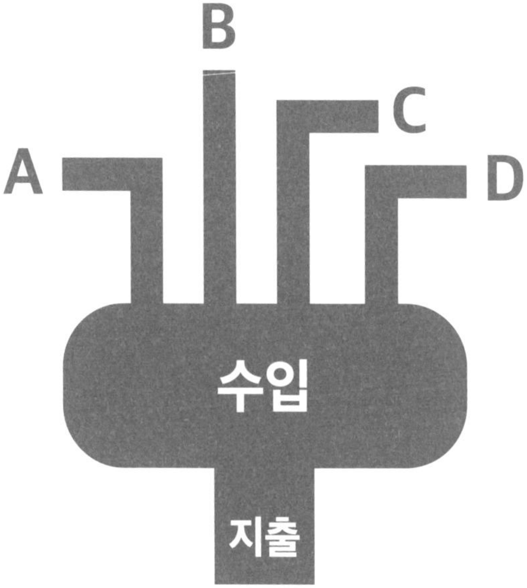

1. 일반인 마인드

노동수입+자본수입 > 지출

2. 부자 마인드

자본수입 > 지출

+@ : 노동수입

내용증명 작성 TIP

1. 금액에 대해서는 명확하게 작성하자.

2. 지급기일에 대해서 정확하게 명시하자.

3. 청구 대상에게 서류 기준으로 발송하자.

4. 내용증명은 소송전 공적인 의사표현의 수단이라는 점을 명시하자.

5. 본문서는 최고의 효력만 있고 6개월의 소멸시효중단을 가져오며 중복성이 없기에 6개월 내 소송을 진행해야 한다.

6. 3부를 복사해서 우체국에서 송부할 수 있다.

7. 내용증명 수신여부를 확인한다.

8. 수신했음에도 변제하지 않을 경우 소송을 접수한다.

제5장

임대차 사업

" 무언가에 대해서 생각해보는 대신 무언가를 그냥 하라 "

- 마윈 -

이야기로 읽는
지식산업센터
투자

5장

임대차 사업

" 무언가에 대해서 생각해보는 대신 무언가를 그냥 하라 "

- 마윈 -

지식산업센터는 크게 실사용과 투자로 나뉜다. 실사용은 직접 사용하면 되니 현재 지출하고 있는 월세와 비교만 하면 돼서 비교적 의사결정이 쉽다. 그에 반해 투자자는 임대 수익률을 계산해야 하고, 공실은 가장 큰 고민거리다. 공급이 과하면 과한 대로 내 물건의 임대가 늦게 나갈까 걱정되고, 없으면 없는 대로 규모가 작아서 임대가 늦게 나갈까 걱정된다. 특히 공급이 과할 경우 1년 이상 임대가 나가지 않는 경우가 종종 발생해서 투자로 들어온 사람들이 낭패를 보는 것을 종종 목격했기에 고민은 깊어져 갔다.

'임대가 몇 달간 안 나가면 어떡하지?'

지식산업센터는 관리비가 평당 오천 원에서 만오천 원이고, 대출 비율이 높아 이자 또한 만만치 않다. 매월 이백만 원 정도의 비용을 감당할 수 없다면 공실 리스크는 상당히 큰 편이다. 특히 내가 매입한 지식산업센터는 새 건물이라 초반에 많은 공실이 발생할 것으로 예상되었다.

'임대가 아예 안 나가진 않을 거고, 하나라도 나가면 그 나가는 물건은 내 물건이 되도록 해야겠다. 정 안되면 진짜 이자 비용이라도 받고 내놓던가. 아니면 공유 오피스나 스튜디오라도 창업해야지.'

임대를 첫 번째 옵션으로 두되 공유 오피스와 스튜디오도 함께 공부하기 시작했다. 공유 오피스는 주변에 운영하는 형이 있어서 상담을 요청했다.

"형, 공유 오피스 요즘에 어때요? 전용 30평 정도 새 건물인데, 메리트 있을까요? 층고는 5m로 꽤 높아요."

끌끌 차는 혓소리와 함께 형의 답변이 들려왔다.

"되긴 하겠지. 특히 성수동이면 수요는 충분하니까. 그런데, 대부분의 공유 오피스는 낡은 빌딩에서 싼 임차료를 받고 하는 거라 거기서 운영하게 되면 수익이 크진 않을 거야. 그래도 건물주가 너니까 수익이 나긴 할 텐데, 임대 놓는 거랑 큰 차이는 없을 거 같다. 대신에 임대와 다르게 임차인 모집도 지속적으로 해야 하고, 임차인 간 분쟁 관리나 건물관리도 신경 써야 해서 일이 좀 많아. 회사랑 병행하기는 쉽지 않을걸?"

"고마워요. 형, 혹시 그럼 스튜디오는 좀 아세요? 요즘에 코로나로 인터넷 쇼핑몰이 많아져서 공유 스튜디오 이런 식으로 해도 잘되지 않을까요? 삼면이 창이라 채광도 좋고 천장 텍스 뜯어내고 노출로 인테리어하면 층고가 높아서 사진찍기 좋을 것 같아요."

"스튜디오는 괜찮을 수 있겠다. 그래도 그것도 반사판이다 뭐다 해서 초기 투자 비용도 꽤 들고, 홍보랑 이런 거 은근히 힘들긴 해. 뭐가 됐든 잘 생각해보고 덤벼들어. 괜히 임대 안 나가서 성급하게 했다가는 피 본다. 혹시 궁금한 점 있으면 또 물어보고."

"감사해요, 형. 담에 밥 한번 살게요."

통화 후 든 생각은 하나였다.

'역시 임차인을 구하는 게 가장 마음이 편하겠다. 임차인 구하고 잊어야지. 난 현금 파이프라인도 중요하지만 스트레스를 받지 않는 것도 중요하니까. 최악의 경우에는 다른 방법을 쓰더라도 일단 임대차 맞추는 것에만 집중하자.'

임대차 전략은 비교적 단순하다. 가격 경쟁력과 차별화 전략 두 가지다. 우선 시장 평균 임대 가격을 조사했다.

'인터넷에는 허위 정보가 너무 많아. 실제로 방문하면 깎아주거나 저렴해서 찾아가면 또 물건이 없는 경우도 빈번하잖아. 일단 중개사무소에 발품을 팔아보자.'

인터넷에 공개된 금액과 실제 거래 금액은 차이가 꽤 발생한다. 성수동의 경우 일정 이상의 금액을 올려두고 임차인이 가격을 내리는 경우가 많았다. 그 이유는 시장 임대 가격이 정해져 있는데 한두 명의 임대인이 가격을 내리면 전체적으로 임대가가 내려가기 때문이다. 임대인은 인터넷에는 보수적으로 가격을 올리고 공인중개사에게 임차인이 의향이 있으면 얼마까지 깎아주라고 따로 언질을 주고 있다.

지역에 따라 미끼 상품을 홍보하고 방문한 임차인에게 다른 물건을 보여주는 경우도 있었다. 나는 정확한 가격을 듣기 위해서 공인중개사무소에 임대인이라는 것을 밝히고 물건을 조사했다. 공인중개사가 방문자가 임대인임을 명확히 인지해야 주변 물건들의 실제 시세도 알려주기 때문이다. 지식산업센터 주변엔 부동산 공인중개사무소가 꽤 몰려있었다. 그 중에서 노란 간판이 예쁜 사무소에 방문했다.

"실장님, 안녕하세요? 요 앞에 지식산업센터 육십 평짜리 하나 임대 놓으려고 하는데요. 요즘 평균 시세가 어떻게 되어요?"

종이컵에 하얀색 인스턴트커피를 한 봉지 넣던 실장님이 손짓으로 한

잔 먹을 건지 물었다.

"아니에요. 방금 마셔서 괜찮아요."

"요즘 성수동 임대 평균은 공급면적으로 오만 원에서 육만 원정도 해요. 층수가 높거나 2~3층은 육만 원, 어정쩡한 층이나 향은 오만 원?"

"육십 평이면 한 삼백만 원에서 삼백육십만 원 정도 받겠네요? 저 혹시 삼백에 중개 좀 부탁드려도 될까요? 향은 지식산업센터도 아파트처럼 남향이 좋은건가요?"

"아니요. 지식산업센터는 햇빛 강하게 들어오면 업무하기 불편해서 오히려 동향이나 북향을 더 선호해요. 실입주는 언제부터 되나요?"

"입주는 즉시 가능하고, 열쇠는 경비실에 맡겨둘게요."

첫 번째로 나가는 임대차 전략을 위해 주변 임대료 대비 최저치인 평당 오만 원으로 가격을 설정했다. 두 번째 작업은 최대한 많은 부동산에 내놓는 것이다. 어차피 가격을 낮게 내놨기 때문에 한 부동산에서 시간을 가지고 협상하며 높은 가격에 임대를 놓는 것보다 많은 부동산을 통해 노출을 많이 시키는 편이 유리하다고 판단했다. 관리비가 부담스럽고, 준공 건물이라 공실이 많은 상태에선 한 달이라도 일찍 임차를 맞추는 것이 중요했다.

'어차피 월 이십만 원을 싸게 해줘도 한 달 먼저 임차를 맞추면 연수익은 같아. 소탐대실하지 말자. 다만, 임차를 너무 싸게 주면 나중에 대출 연장할 때 RTI(Rent To Interest, 임대업이자상환비율)가 낮아서 대출 한도가 안 나올 수 있으니 여기까지만 줄여야지...'

중개사무소를 통해 오프라인 홍보 채널을 개설하고, 온라인 홍보에 박차를 가했다. 대부분의 임대인은 공인중개사무소를 통해서만 임대차 홍보에 열을 올리지만, 각종 블로그와 카페로 홍보를 하게 되면 추가 홍보가 가능함과 동시에 공인중개 수수료 역시 아낄 수 있다. 특히 지식산업센터 입주 기업은 인터넷 기반의 회사가 많아서 인터넷 글을 보고 연락이 오는 사람도 꽤 많았다. 블로그와 각종 부동산거래 카페에 직접 글을 게시하여 홍보를 진행했다. 홍보 자료는 해당 지식산업센터 분양 자료를 참조하면 편하다. 건물의 지리적 특징과 특화설계 등 장점이란 장점들은 모두 전문가가 예쁘게 디자인하여 실어 두었기 때문에 그 자료만 열심히 편집해도 내 개인 물건을 홍보하는 것은 전혀 문제가 없었다.

홍보 시 임대물건의 가장 큰 장점 중 하나인 서비스 면적(발코니)을 구체화하는 것이 중요하다고 판단했다. 단순히 3면 발코니로 11평의 면적이 늘어나는 것이 아니라 1개의 호실을 추가로 이용하는 것과 같은 면적 증대 효과를 불러일으킨다고 명시하였다. 또한 해당 물건의 층수가 3층이라는 것을 강력히 어필했다. 일반적으로 생각하는 부동산과 달리 지식산업센터는 2~3층이 인기가 많다. 그 이유는 섹션오피스의 경우 엘리베이터가 아닌 계단을 이용하기가 편해서고, 드라이브인은 차를 타고 경사로를 조금만 올라가도 되기 때문이다. 집합사옥이라는 별명에 맞게 지식산업센터에는 수많은 근로자들이 함께 근무하고 있다. 실제로 내가 일하는 건물은 출퇴근 시간에는 최대 40분까지 엘리베이터를 기다려야 했다. 많은 사람들이 각 층마다 엘리베이터 버튼을 누르면 엘리베이터를 기다리는 것이 여간 성가신 것이 아니다.

온라인과 오프라인을 통해 홍보를 열심히 했음에도 임차는 맞춰지지 않았다.

'이렇게 계속 임차가 안 맞춰지면 어떻게 하지?'

시간이 돈이라 했던가? 하루 십만 원이 허공에 날아가는 기분이었다.

'신축 건물이라 그런가? 나랑 같은 면적인 다른 층수는 임대가 나갔을까?'

지식산업센터 관리실에 확인 전화를 넣었다. 공인중개사무소에서는 중개사가 가지고 있는 물건의 현황만 파악할 수 있기 때문에 관리실을 통해 알아보는 것이 더 정확하다고 판단했다.

"여보세요? 관리실이죠? 저 3층의 주인입니다. 혹시 저랑 같은 라인 호실 임차가 다 맞춰졌나 해서 연락 한번 드렸어요."

"네, 안녕하세요? 아직 그 라인으로 임차 나간 물건은 없는 것 같습니다. 2층이랑 8층만 실입주라서 인테리어 공사하고 있어요. 안 그래도 삼층에서 너무 공격적으로 가격을 내리는 바람에 다른 호실 불만이 이만저만이 아니에요. 한번 만나면 전해달라고 해서 이야기해 드립니다."

다른 호실과 달리 평수가 있는 편이라 임차가 조금 더딘 것 같았다. 관리실 말고도 가격을 좀 올려서 등록해두는 것이 모두가 WIN-WIN하는 길이 아니겠냐는 의견이 공인중개사무소에서 들렸다. 천천히 가격대를 형성하기에는 내 주머니 사정이 넉넉지 못했다. 죄송한 마음이 들었지만, 가격을 내릴 수는 없었다. 오히려 오픈될 수밖에 없는 가격 경쟁이 아닌 다른 전략이 필요하다고 느껴졌다. 다른 전략은 내가 저렴하게 제공할 수 있는 인테리어로 선정했다. 다른 임대인들과 다르게 인테리어를 주 업으로 하는 나는 원가에 실내건축 서비스를 제공할 수 있었다. 몇몇 중개사에게 전화를 걸어 추가 임대차 전략을 전달했다.

"실장님, 인테리어 공사하는데 30평 기준 근 칠백만 원에서 천만 원정도 들거든요. 그거 제가 제공한다고 덧붙여주세요. 그리고 매물 보러 온 사람 있으면 원하는 조건 들어보시고, 다 들어준다고 하세요."

나의 간절한 마음이 통했는지 네이버 카페에 올린 내 글을 보고 임차인 한 명이 연락을 해왔다.

"안녕하세요? 카페 보고 연락드렸는데요. 물건 한 번 보고 싶어서요. 저희가 조금 급해서 그런데 오늘 점심시간에 한 번 볼 수 있을까요?"

"네. 가능합니다."

회사 주변 물건을 구입하지 않았으면 불가능한 일정이라 다행이라는 생각이 들었다.

"건물은 마음에 드네요. 회사 관리부장이랑 저녁에 한 번 더 봐도 될까요?"

"언제 쯤이요? 너무 늦지만 않으면 가능합니다."

"한 8시 쯤에 보러 올게요."

임차인은 점심시간과 저녁에 호실을 두 번 보더니 계약을 하고 싶다는 의사를 표명했다. 중년의 여사장은 나에게 보증금 이천만 원의 할인을 요구했다.

'그럼 보증금이 천만 원밖에 없는데, 이건 너무 과하다. 포기하자.'

나는 월세 미납 리스크가 너무 크다고 생각해 거절 의사를 밝혔다.

"사장님, 죄송해요. 보증금 천만 원은 리스크가 너무 큽니다."

"그러면 이천으로 해요. 대신에 월세를 좀 깎아 주세요."

"월세요? 저 진짜 이자도 안 나옵니다. 얼마나 깎아 드려요?"

"한 오만 원 정도만 빼주세요."

"알겠습니다. 입주는 언제로 생각하시나요?"

"최대한 빠를수록 좋습니다. 인테리어는 다 해주시는거죠?"

"네. 진행해 드려야죠. 어떤 인테리어로 원하세요?"

"룸만 두 개 만들어 주시면 됩니다."

"그러면 제가 이번주 내로 공사 완료할테니까 다음주 월요일에 입주하시는걸로 하시죠."

하루라도 빨리 들어오는 것이 나에게도 이득이라 판단했다. 1주일 뒤 입주를 약속하고 계약서를 작성했다.

'직거래로 복비를 아꼈으니까 이백 정도 빼도 비슷한 거야. 밤을 새서라도 빠르게 인테리어를 완료해야겠어.'

공인중개 수수료는 포털사이트로 검색을 하면 쉽게 구할 수 있는데 월세를 보증금 식으로 변환한 뒤 0.9% 이내로 받는 편이다. 지역별로 평균 수수료 산정률이 존재하기 때문에 잘 알아보고 매물을 내놓을 때 합리적으로 미리 설정하는 편이 좋다. 공격적으로 물건을 내놓는 방법은 크게 저렴한 가격, 인테리어 제공, 랜트프리(일정 기간 공짜로 이용하게 해주는 것), 높은 공인중개 수수료 등이 있다.

아무래도 0.9%를 꽉 채워서 주면 중개사들도 그 물건을 좀 더 신경 쓰게 된다.

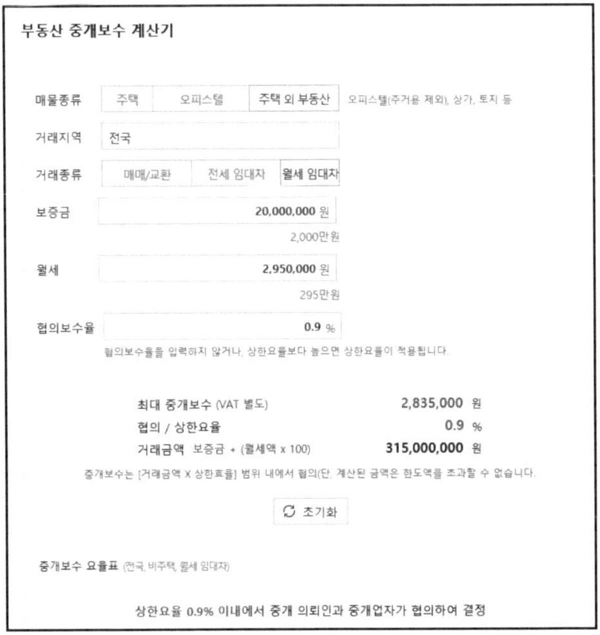

-중개보수 계산기-

그날 저녁, 기쁜 마음으로 철거공사를 시작했다. 철거는 전용면적 30평 기준으로 네 명이서 반나절이면 충분하다. 인력사무소에서 철거 인력을 4명 구하고 철거 작업을 지시했다. 폐기물은 화물 엘리베이터를 통해 지하 1층으로 배출했고 저녁에 지역 폐기물 처리 회사에 전화해서 삼십만 원에 모두 처리할 수 있었다. 철거공사 후 사무실은 확실히 더 넓어 보였다.

인테리어 공사에서 비용을 아끼기 위해선 간단한 작업은 직접 하거나 한 명의 인부를 따로 고용하여 다양한 작업을 시키는 것이 좋다. 철거 작업이 끝난 뒤에 구멍이 뚫린 바닥에는 시멘트 가루를 채우고 분무기로 물을 뿌려 경화시켰다. 바닥재를 전부 교체하기보다는 손상된 바닥타일만 교체했다. 이때 재료비를 아끼기 위해서 관리사무소와 친해진 뒤 보수용 타일을 몇 장 받아와 재단하여 시공했다. 얻어 쓸 수 있는 것은 얻어 쓰고, 직접 할 수 있는 간단한 작업은 직접 진행했다.

'내 인생에서 건축을 전공한다는 사실이 다행이라고 여겨지긴 처음이군.'

인테리어 공사는 유리로 칸막이를 하는 편이 많았으나 실사용자의 니즈에 따라 가벽을 세운 뒤 석고보드와 단열재를 시공하여 차음성능을 높였다.

이제 미뤄왔던 취득세를 내야 할 차례다. 거래할 때부터 등기일에 감면받은 취득세를 내는 것이 좋을 것이라는 의견을 받았었다. 예전에는 임대가 맞춰진 날에 내도 무방했으나 요즘은 임차를 맞추는 경우 그 기간에 가산세를 매기는 경우가 있다고 했다.

'에이~ 중개사도 확실하지 않다고 했잖아. 설마 가산세를 매기겠어?'

떨리는 마음으로 성동구청에 방문했다.

“취득세 4.6%에 20일간의 가산세 20%가 더해져서 삼백만 원을 더 내셔야 합니다.”

“자진신고인데, 이 정도는 관례상 감면되거나 하지 않나요? 그리고 아직 입주 기간인데 봐주는 것도 없나요?”

하얀 셔츠의 남성 주무관은 표정 하나 변하지 않고 말을 이어갔다.

“네, 작년까지는 내지 않는 경우도 있다고 들었는데, 올해부터 강화되어서요. 모두 납부하셔야 합니다.”

결국 쓰라린 속을 붙잡고 취득세와 가산세를 모두 납부했다.

‘가산세가 정말 무서운 거구나. 좋은 걸 배웠어. 만약에 임차가 한두 달 늦게 맞춰졌으면 근 천만 원을 가산세로 내야 했겠는데? 불행 중 다행이구나.’

실사용이 아니면 감면받은 세제 혜택은 모두 사라지고, 뒤늦게 신고하면 그 가산세까지 내야 하므로 임대 목적인 경우 세제 혜택은 미리 반납하는 것이 좋다.

CHECK POINT

가성비 있는 인테리어 공사를 위한 제언

평면도 구하기
(부동산, 대행사)

↓

원하는 공간 구획
(에어컨, 조명위치 확인)

↓

공간 구획 재진선정
(벽지, 유리 등)

→

구획된 부분 면적 구하기

↓

구획된 부분 면적 구하기

↓

견적요청
(3개사 이상한테 요청)

30평 기준 공사 비용

견 적 서

현 장 명	-		공 종 명		인테리어공사
의 뢰 일			업 체 명		
담 당 자					
전 화 번 호					
FAX					
의 뢰 내 용	발코니 확장 및 내부 룸 2개소 신설				

NO	품 목	규 격(길이)	단 위	수 량	단 가	공 급 가 액	비 고
	철거 인건비	33M 발코니(갈바+유리)	인	4	270,000	1,080,000	야간할증*1.5
	잡 자 재	마대, 칼날	식	1	35,000	35,000	
	폐기물 반출	혼합폐기물	식	1	200,000	200,000	
		바닥보수공사				-	
	미 장	발코니 부분 바닥 미장	인	1	150,000	150,000	
	바닥 타일	바닥타일(130장)	인	1	180,000	180,000	
	바닥 자재(본드)	kg	10	1	33,000	33,000	
	바닥 자재(타일)	450*450	box	10	25,000	250,000	
	바닥 잡자재	헤라, 칼, 마대 등	식	1	10,000	10,000	
	관 리 비		인	1	200,000	200,000	
		천정 및 벽체 공사				-	
	석고텍스	600*300	box	10	25,000	250,000	
	텍스피스	도장피스, 일반피스	box	1	12,000	12,000	
	경량자재(철물, 석고 등)	스터드,러너,엠바,캐링,클립, 석고	식	1	700,000	700,000	
	도배지, 초배지, 본드 등	화이트	평	45	9,000	405,000	
	문, 걸레받이 등	도어, 걸레받이, 몰딩	식	1	450,000	450,000	
	도배 인건비	화이트	인	3	330,000	990,000	야간할증*1.5
	천정 및 벽체 인건비	품	인	6	240,000	1,440,000	
	용역 인건비	정리정돈 등	인	3	138,000	414,000	
	폐기물 반출	혼합폐기물	식	1	200,000	200,000	
	관 리 비		인	5	200,000	1,000,000	
		일반이윤				500,000	
						-	
합 계						8,499,000	4,249,500

임대차 전략

1.랜트프리
2.인테리어 제공
3.주변 시세 대비 저렴한 임대료
4.서비스 면적 등 강점 홍보
5.높은 공인중개 수수료
6.인터넷 홍보

이야기로 읽는
지식산업센터
투자

제6장

임차시 트러블 조정

"나는 우주에 흔적을 남기고 싶다"

- 스티븐 잡스 -

이야기로 읽는 지식산업센터 투자

6장

임차시 트러블 조정

"나는 우주에 흔적을 남기고 싶다"

- 스티븐 잡스 -

보증금 천만 원을 깎아준 것이 발목을 잡았다. 임차인은 벤츠를 타고 명품을 휘감은 채 나타났었다. 본인은 성수동이 강남, 종로, 여의도랑 가까워서 손님들이랑 소통할 생각으로 사무실을 임차하는 것이라고 했다. 본사는 종로에 있으니 월세를 밀릴 걱정이 없다고 하며 보증금 가격 절감을 원했다.

'이 정도 기업이면 보증금은 좀 깎아줘도 되지 않을까? 놓치면 다음 임차인을 또 언제 구할지도 모르는데 그냥 해야겠다.'

고민을 이어갈 때 임차인이 먼저 제안을 해왔다.

"정 불안하면 특약사항에 월세 1달이라도 밀릴 시 그 즉시 계약해지라고 적어요. 전 정말 약속을 칼같이 지켜서 전혀 상관없어요. 제가 운영하는 회사랑 임대하는 가게가 몇 개인데요. 걱정 안 하셔도 되어요."

그러한 조건들은 임대차보호법으로 인해 아무런 효력을 가지지 못한다는 것을 알고 있었지만 상대방이 저렇게 당당하면 해줘도 되지 않을까 하는 생각이 들었다.

"네, 그렇게 진행하시죠. 특약에 넣기는 하는데 임대차 사업도 많이 해 보셨다니 효력 없는 건 다 아실 거 아니에요? 정말 믿고 하는 겁니다."

부동산거래는 계약기간이 길고, 해지 절차가 번거로워 신중해야 한다. 그리고 계약 시 불안함을 느끼면 늘 그건 현실로 나타난다. 부동산 계약은 완벽해야 한다. 상대측은 보증금을 낼 때부터 입금기일을 지키지 않았다. 당시에는 보증금을 받기도 전에 입주를 허락했지만, 임차인이 짐을 넣은 뒤에 버티기를 하면 임대인은 짐을 뺄 수 없으므로 위험한 판단이었다. 월세 역시 밀려서 내더니 세 달째부터는 내지 않았다. 밀린 월세를 독촉하려 전화를 하면 받지 않았다. 문자나 카카오톡 역시 며칠째 무시당했는데, 이때 답답한 건 늘 돈을 받는 쪽이다. 세 번째 월세 납기일에 전화를 했다. 임차인은 일주일 정도 연락이 두절되었다가 뒤늦게 전화를 받았다.

"여보세요?"

"네, 안녕하세요? 전화 많이 하셨네요. 제가 휴가 중이라 전화 안 받았어요."

"그러세요? 이전 월세를 아직 안 주셨던데 혹시 언제쯤 입금 가능하신가요?"

"다음 주 월요일에 드릴게요."

"네, 알겠습니다. 제가 수요일에 이자를 내야 하는데, 돈이 좀 부족해서요. 약속 꼭 좀 지켜주세요."

수요일이 되었지만, 월세는 입금되지 않았다. 다행히 임차인을 믿지 않고 미리 이자를 마련해두어서 이자는 낼 수 있었지만 너무 화가 났다.

"여보세요? 아니, 약속을 왜 그렇게 안 지키는 거예요? 이번엔 중요하다고 월세 꼭 좀 내달라고 했잖아요."

"월세가 부족하면 보증금에서 까세요! 원래 그러라고 보증금 받는 거 아닙니까?"

"아니, 계약할 때랑 왜 이렇게 말이 달라요? 월세 절대 안 밀리신다면서요."

"아, 임대차 사업 처음이라 잘 모르시나 본데, 원래 이래요. 까탈스럽게 구네."

적반하장도 유분수지 임차인은 미안해하기는커녕 오히려 화를 내었다. 그 때 건물 관리소에서 나의 스트레스를 가중시키는 연락이 왔다.

"안녕하세요? 지식산업센터 관리소장입니다. 임대인 되시죠?"

"네, 맞습니다. 무슨 일이시죠?"

"다름이 아니라, 임차인이 관리비를 첫 달 이후에 한 번도 내지 않는데, 임대인분이 알고 계셔야 할 것 같아서 연락드렸습니다. 그리고 한 번씩 빚쟁이들이 찾아오는 거 같더라고요."

덜컥 겁이 났다. 지식산업센터에 방문하니 문은 닫혀있었다. 실사용보다는 손님 접대에 초점을 맞춘다는 사실은 미리 알고 있었지만, 월세와 관리비를 내지 않는 상황에서 사용을 안 하니 무서운 마음이 배가 되었다.

'실사용을 하지 않고, 손님 접대 혹은 창고로만 쓴다고 하는 임차인은 다소 위험할 수도 있겠구나. 앞으로 조심해야겠다.'

저번 전화 통화 이후로는 핸드폰으로 연락이 닿질 않아 사업자등록증에 있는 주소로 연락을 해보았다.

"여보세요? 혹시 여기 임차인분 주소 맞으실까요? 본사라고 들었는데요."

"네? 여긴 스터디 카페인데, 사업자들한테 주소만 빌려주는 서비스를 하고 있어요."

"아... 그러세요? 혹시 000-0000-0000 연락처 말고 다른 연락처 알고 계신가요?"

"아니요. 연락처 아는 건 저희도 그거 하나가 다예요."

점점 더 두려워지기 시작했다.

'이거 어떡하지? 월세를 계속 안내면 6개월 정도밖에 못 버티는데, 소송을 해야 하나? 그전까지 관리비는 어떻게 메꾸지?'

매도 청구를 알아보기 위해 인터넷으로 매도 청구 전문 변호사와 황급히 연락을 취했다.

"변호사님, 월세를 못 받는 상황인데, 제가 미리 준비해야 하는 것이 있을까요?"

변호사는 다소 무심한 듯 전화를 받고 말을 이어갔다.

"사실 현재 상황에서는 임대인분이 진행할 수 있는 것은 별로 없습니다. 개정된 임대차보호법상 6개월이 지나야 매도 청구를 진행할 수 있거든요. 그 기간은 또 1년 정도가 걸립니다. 일단 월세가 밀렸으니 계약을 해지하겠다는 내용증명을 먼저 보내두세요. 그리고 지속적으로 월세 입금을 인지시켰다는 자료를 가지고 계시는 편이 유리합니다."

보증금을 줄여준 내 자신이 원망스러웠다. 법적 효력이 없는 특약사항을 넣고는 근거 없는 안심을 했다.

'계약 때는 웃으면서 밝은 미래를 꿈꾸기 마련이니까...'

중소기업은 1년 내에 폐업하는 경우가 꽤 많다. 매도소송 리스크는 늘 염두에 둘 필요성이 있다.

'당당하게 특약사항 적자고 할 때 신뢰의 표시라고 생각했던 건데 그게 자충수였구나. 다음부터 안전하게 가려면 관리비와 이자 비용 18개월치 혹은 월세 15개월치 정도는 최소한 확보를 해두어야 매도 청구에 들어가도 내가 똥줄이 덜 타겠구나'

명도소송은 소송비와 강제 철거 비용 및 보관 비용이 들어간다. 하지만 보증금의 금액이 커지면 임차인 입장에서는 매입 대신 월세를 선택하는 메리트가 너무 작아진다.

다행히 보증금이 이백만 원 남짓 남았을 때 임차인으로부터 방을 빼주겠다는 연락이 왔다. 곧바로 후속 임차인을 구하는 작업에 들어갔다. 후속 임차인을 구할 땐 임대료 최대화 전략을 사용할 줄 알았으나 첫 번째 임차인을 빨리 빼고 싶은 마음에 후속 임차인 역시 첫 번째와 유사한 전략으로 구하게 되었다.

‘후속 임차인을 구할 때는 삼 개월쯤 전에 연장 유무를 물어본 뒤에 시간을 가지고 임대료를 올려서 구하려고 했는데 안 되겠구나.’

임차인의 일정에 맞춰 다음 주에 바로 방을 빼주기로 결정하였다. 후속 임차인을 못 구하더라도 현재 임차인을 빠르게 내보내는 것이 정신건강에 이롭다는 판단이 들었다.

임차인이 나가는 날, 문제는 또 발생했다.

“사장님, 저 오늘 짐을 빼는데 다른 사무실 보증금을 내야 되어서요. 짐 빼기 전에 미리 보증금 좀 주세요.”

“절대 안 됩니다. 보증금 다 돌려드렸는데, 짐 안 빼면 저는 어떡해요?”

“에이, 제가 거짓말하겠어요? 사정 좀 봐주세요. 어차피 오늘 뺀다니까요?”

“여태까지 매번 거짓말하시거나 월세도 잘 안 내셨잖아요. 제가 어떻게 믿어요? 그럼 몇 시에 빼든 제가 앞에서 끝까지 기다리다가 짐 다 나가는 거 보면 문 잠그고 그 자리에서 바로 드릴게요.”

각종 사정을 늘어놓으면서 나를 설득했지만 당한 것이 있던지라 짐을 다 빼는 걸 내 눈으로 확인하면 그 자리에서 보증금을 환급해준다고 못 박았다.

워낙 인기가 많은 지역이라 그런지 며칠 지나지 않아 새 임차인을 구할 수 있었다. 후속 임차인 역시 매물로 내놓은 가격보다 다소 가격 하락을 요구했는데, 월세를 줄이더라도 보증금 네고는 절대 안 된다는 의견을 고수했다. 가격 네고가 끝난 뒤에 임차인은 랜트프리를 요구했다.

"사장님, 저희 랜트프리 한 달만 좀 주세요. 인테리어 공사 직접 할 건데, 그 기간만 월세에서 배제하는 거죠."

그 작은 평수 공사하는데 한 달이라니, 내가 직접 했을 때는 4일이었다.

"에이, 사장님. 제가 건축을 업으로 삼고 하는데, 이 정도 공사 1주일이면 충분하잖아요. 1주일 드릴게요."

새 임차인은 당황하는 기색이 살짝 엿보이더니 웃으며 대응했다.

"제가 하는 인테리어 업체가 저희 현장을 신경을 잘 못 써서요. 조금씩 해나가야 하는데, 1달은 족히 걸려요. 어차피 인테리어 작업 싹하면 나중에 또 임대 놓기 편하잖아요."

협상도 체력이 있을 때 하는 거지 너무 지쳐있던 나는 상대방의 요구를 모두 들어주었다.

"네, 알겠습니다."

임차인은 반색하며 말을 덧붙였다.

"계약은 2년으로 하시는 것이 어떠신가요?"

후속 임차인의 이야기를 들으니 고민이 되었다.

원래는 1년 뒤에 임대차보호법의 상한선인 5%의 월세를 올릴 예정이었는데, 2년으로 하면 현재 가격이 조금 손해라는 생각이 들었다. 하지만 1년 뒤에 계약이 연장되지 않을 경우의 공실 발생 우려와 추가 공인중개 수수료를 생각하니 2년을 하는 것이 또 나쁘기만 한 것은 아니었다.

"알겠습니다. 그렇게 거래하시죠."

전의 경험으로 계약 후에도 한 번씩 건물에 찾아가 잘 사용하고 있는지 멀리서 쳐다보았다. 실사용을 하는 것을 보니 안심도 되었지만 공사는 당초 이야기대로 한 주만에 끝이 났다.

'3주를 공짜로 이용하게 해줬구나. 대충 알고는 있었지만 내 눈으로 직접 보니까 속이 쓰리구먼. 그래도 공사 착실히 잘하고 직원들이 일하고 있는 모습을 보니 마음은 좀 놓이네.'

다행히 후속 임차인은 월세를 꼬박꼬박 잘 냈고, 좋은 관계를 유지할 수 있었다. 임대인과 임차인은 갑을관계가 아니다. 월세를 잘 내고 트러블을 일으키지 않는 임차인, 얼마나 고마운 존재인가? 임대인은 임차인의 편의를 최대한 봐주려고 노력해야 한다. 임대인과 임차인은 상생 관계다.

CHECK POINT

임대차관련 조언

▶ 실사용이 아닌 창고용, 접대용 사무실 이용자는 피하자
▶ 임차인 사업자등록증에 적혀있는 주소를 확인하자
▶ 임차인이 실제로 사업을 유지하는 법인인지 확인하자
▶ 보증금은 1년 이상은 확보하자
▶ 3개월 월세 체납 시 내용증명을 통해 임대인의 입장을 확실히 하자
▶ 6개월 경과 후 민사소송을 바로 준비하자
▶ 임대인과 임차인은 공생관계임을 잊지 말고 존중하는 마음으로 서로를 대하자

상가임대차보호법

우선변제권 제 5 조 2 항	상가건물의 경매 등으로 임대차 관계가 소멸될 경우 임차보증금을 후순위권리자나 기타 채권자보다 먼저 받을 수 있는 권리
임대료인상률 상한 제한 제 11 조	상가임대차 계약 당시의 임차료 및 보증금이 경제사정 등의 변동으로 인하여 인상할 필요성이 있는 경우, 5% 넘지 않는 범위 내에서 인상 가능
묵시적 갱신 제 10 조 4 항	계약만료 6 개월 전부터 1 개월 전까지 임대인의 갱신거절 또는 조건변경의 통지가 없는 경우, 기존과 동일한 조건으로 계약이 갱신되는 것으로 보며, 이때 갱신된 임대차 계약의 존속기간은 1 년
임차권등기명령 제 6 조	임대차기간이 만료되었음에도 보증금을 돌려받지 못한 임차인은 법원에 임차권등기명령을 신청할 수 있음. 임차권등기명령에 따라 임차권등기가 되면, 임차인이 상가를 비우더라도 대항력과 우선변제권이 유지됨

자료: 법무부 / 한화생명 블로그 참조

환산보증금 이내 임차인과 초과 임차인 비교

구분	환산보증금 이내 임차인	환산보증금 초과 임차인
대항력	- 인도 +사업자등록 , 다음날 효력 발생	- '15.5.13 이후 계약 또는 갱신한 경우 인도 +사업자등록 , 다음날 효력 발생
계약갱신 요구	- 2018.10.16 이후 계약 또는 갱신 때 최장 10 년까지 영업가능 - 만료 6 개월전부터 1 개월전까지 계약갱신 요구를 해야함	
임대차기간	- 임대인 : 최소 1 년 - 임차인 : 1 년 이하도 가능	- 계약관계에 따름
보증금회수	- 우선변제권 (대항력 +확정일자)이 있음	- 해당사항 없음 (다른 안전장치 필요)
월차임인상	- 5% (1 년 이내 재인상 불가)	- 해당없음
보증금 중 일정액보호	- 경매나 공매 시 최우선변제권 적용	- 적용되지 않음

자료: 법무부 (상가건물 임대차보호법)

이야기로 읽는
지식산업센터
투자

제7장
지식산업센터 분양

" 태어나서 가난한 건 당신의 잘못이 아니지만 죽을 때도 가난한 건 당신의 잘못이다 "

- 빌게이츠 -

이야기로 읽는
지식산업센터
투자

7장

지식산업센터 분양

" 태어나서 가난한 건 당신의 잘못이 아니지만 죽을 때도 가난한 건 당신의 잘못이다 "

- 빌게이츠 -

임대차 문제로 스트레스를 너무 많이 받았다.

'이걸로 끝내야지. 이제 지식산업센터 매입은 멈춰야겠다.'

다시는 임대사업을 하기 싫다는 생각이 들었다. 그렇게 몇 달 뒤 성수동 지식산업센터가 평당 2,500만 원에 육박한다는 소식이 들렸다.

'회사 건 15억, 내 건 6억이 올랐네. 한 명치 월급이 꼬박꼬박 들어오니 이만큼 효자도 없는데? 한 번 더 해볼까?'

임대수익도 나쁘지 않고, 시세차익도 쏠쏠하니 추가 매입에 대한 욕심이 들었다. 부동산은 주식과 달리 대출을 통한 레버리지 효과를 극대화할 수 있다는 장점이 있다.

'아... 내가 만약에 성수동에 분양을 받았다면 차익이 얼마나 될까? 실례로 성수, 문정 초기 분양자들은 이제 사업 다 접고 임대사업만 한다고

하는데 분양이나 좀 알아볼까?'

생각이 미치자 무심결에 지나쳤던 지식산업센터 분양 홍보물이 눈에 띄었다. 사무실 구석에 앉아 영업사원들에게 분양 예정인 수도권 지식산업센터 팜플릿을 요청한 뒤, 인터넷을 통해 수도권 지식산업센터에 대해서 알아봤다.

지역별로 지식산업센터의 특성은 다양하다. 서쪽은 마곡지구 복합개발을 포함해 방송국이 이전한 DMC(Digital Media City) 등의 대규모 호재가 있고, 인천은 항구를 통한 해외 운송망 확보에 유리하다. 동쪽은 전통적으로 수도권 개발 진행 방향이다. 강동 고덕 개발지구, 하남 신도시가 존재하며 경부고속도로 등을 이용하기 편하다. 남쪽으로는 반도체 공장으로 인한 개발이 한창이니 각자의 판단에 맞는 곳을 선택하면 된다.

수도권지역의 지식산업센터 입지 중에서는 동쪽 구리 갈매지역이 괜찮아 보였다. 구리 갈매지역은 갈매 IC를 통해 수도권 제1순환 고속도로와 세종-포천 고속도로를 이용하기 편리하다. 또한 별내 지역보다 서울에 근접하고 지리적 위치가 우세한데 가격은 평당 이백만 원 정도 저렴했다.

'못해도 별내 가격까지는 오르겠구나.'

상품은 거주가 가능한 라이브 오피스, 드라이브인, 섹션 오피스로 구성되어 있었다. 라이브 오피스 매입 시 임차전략으로 주거형을 추가할 수 있다. 라이브 오피스는 섹션 오피스보다는 비쌌는데, 그래도 주변 오피스텔보다는 훨씬 저렴했다. 내 눈을 사로잡은 또 하나의 개념은 드라이브인 지식산업센터였다. 드라이브인 개념은 생소하다. 생소한 단어는 인터넷을 통해 찾아보기보다는 영업 사원에게 설명을 듣는 것이 더 정확하고 이해가 잘 가서 담당자에게 전화를 걸었다.

"여보세요? 저, 구리갈매에 있는 드라이브인 지식산업센터 분양에 관심이 있어서 전화 드렸는데요. 그게 뭔지 잘 몰라서요. 설명 좀 들을 수 있을까요?"

청아한 목소리의 여직원은 친절하게 설명해주었다.

"드라이브인은 건물 내부로 화물 탑차가 진입 가능하도록 설계한 거예요. 센터 주변에 IC가 있잖아요. 사업하시는 분들이 전국으로 물건을 손쉽게 배송할 수 있도록 배려한 거죠."

"일반 지식산업센터 섹션 호실보다 훨씬 매력적으로 들리는데요?"

“그렇죠? 예전에는 크게 인기가 없었는데, 지식산업센터 전체에 대한 호감도가 많이 올라간 상황에서는 사업하시는 분들을 배려한 상품이 빛을 발하는 것 같아요. 관심있으시면 청약 의향서 작성해 보시겠어요?”

“감사합니다. 작성하고 싶은데, 등기로 받을 수 있을까요?”

“네, 저희가 감사하죠. 바로 보내드리겠습니다.”

‘한 개의 호실 분양 시 일이백 정도는 받는다고 알고 있는데, 정말 다들 적극적이고 친절하게 영업하시는구나.’

영업사원들의 친절함이 지식산업센터의 인기 상승에 한몫을 한다는 생각이 들었다.

“추가적으로 설명드리면 지식산업센터는 공장이랑 지원시설 그리고 근린생활시설로 나뉘어요. 공장은 제조동과 섹션동, 라이브 오피스로 나뉘구요. 지원시설에는 창고, 기숙사, 업무지원시설이 있습니다. 근린생활시설은 편의점, 식당, 문구점 등을 생각하면 이해가 쉬우실 거예요. 또 제조동은 드라이브인, 업무형 제조, 도어투도어(Door To Door)로 나눌 수 있고, 섹션동은 일반 사무실이라고 생각하시면 편합니다. 라이브 오피스는 사무실 내에 화장실이 있어 취사를 제외하고는 내가 거주하면서 일할 수 있는 LIVE 사무실 개념이고요. 아마 요새 스타트업의 창업자들이 사무실에서 먹고 자고 하며 일하는 문화를 고려하여 생긴 것이 아닌가 싶어요."

'정말 건축도 사회 트렌드에 맞게 꾸준히 특화상품이 나오는구나.'

지원시설로는 창고와 기숙사가 있는데, 창고는 회사가 커지면서 은근히 꼭 필요한 지원시설이라 할 수 있다.

청약 의향서를 작성하고 일주일 정도가 지나자 분양 영업사원의 전화가 왔다.

"사장님, 안녕하세요? 저번에 청약 의향서 작성해주셨죠? 이번 지식산업센터 분양은 초치기로 진행하기로 결정되었어요."

지식산업센터는 우리가 익숙한 아파트와 다르게 사업자들이 청약 의향서를 작성하는 것부터 시작한다. 시행사는 청약 의향서로 수요를 예측하고 분양 계획을 짠다. 인기가 많은 지역은 시행사가 알음알음 알짜 사무실을 다 분양하고, 분양 대행사에게 몇 개 호실만 풀어서 분양을 하기도 한다. 금번 분양의 방식인 초치기란 의향서 접수자들을 대상으로 00시 00분 00초에서 가장 먼저 계약금을 입금한 사람에게 호실을 분양하는 것을 말한다.

보통 은행계좌이체에 1.5초 정도가 걸려서 대부분의 사람이 58초에 입금하는 편이다. 그런데, 또 너무 빨라서 59초에 들어오면 실격이니 조심해야 할 필요가 있었다.

'나는 안전하게 59초에 입금할까? 아니면 58초에 입금해서 전략적 취득을 노려볼까?'

고민하고 있을 때 추가적인 안내 멘트가 들려왔다.

"그리고 다구좌가 우선권이 있어요. 다구좌란 한 번에 여러 개의 호실을 청약하는 사람이 2등으로 입금을 해도 우선권을 드리는 겁니다. 만약에 고객님이 원하시면 사전에 계약서를 써두고 1개의 법인이 5개의 호실을 청약하고 난 뒤 배정받으면 차후 원가에 이전받는 방식도 있습니다."

영업사원이 제시한 방법은 충분히 매력적이었으나 해당 법인이 파산을 할 수도 있고 현금 프리미엄 거래로 세무서로부터 오해를 받을 수도 있다는 생각이 들었다. 나는 초치기 개인사업자로 진행하기로 말씀드리고 전날까지 수십 번의 연습을 통해 00초에 넣는 스킬을 체득했다. 드디어 당일 아침 9시 59분 58.5초. 나는 입금 버튼을 눌렀다. 한 번에 많은 사람이 몰려서 그런지 갑자기 에러가 떠버렸다. 뒤늦게 10시 5분에 입금하게 되었다.

영업사원의 목소리가 전화기 너머로 들렸다.

"사장님!!! 1등하셨는데!!! 다들 에러가 많이 뜬 것 같아요. 그런데 입금자명에 몇 호인지 안 적으셨어요. 안 적은 분들 다 빠지고 10분에 입금하신 분이 1등입니다. 아쉬워서 어떡해요?"

허탈했다.

"아… 감사합니다. 이미 안 된 것 뭐 말해 뭐하나요. 속 쓰리니까 그만 이야기하시죠… 계약금 입금 못 하거나 불의의 사고로 취소되는 호실 있으면 연결해주세요."

가끔 튕겨 나오는 호실이 발생하는 경우가 있다고 알고 있어 한 번 더 영업사원에게 부탁을 했다. 이렇게 나의 첫 번째 지식산업센터 분양 시도는 실패로 끝났다. 불행 중 다행으로 계약금 환불은 1달까지 걸릴 수 있다는 안내와 다르게 1주일 만에 환급이 되었다.

나에게 두 번째 기회가 날아왔다. 이번 물건은 서쪽 지역이었다. 서쪽은 마곡과 DMC 지역이 가치상승을 견인해 가는 지역이다. 그중 DMC 지구 바로 위 고양 향동 지구에서 분양하는 물건에 관심이 있냐는 연락이었다. 사실 고양에는 큰 메리트를 느끼지 못했지만 서쪽에 대한 개발 바람이 워낙 강하게 불어서 청약을 하겠노라 연락했다. 그리고는 마지막 확인을 위해 친하게 지내던 부동산공인중개사한테 전화를 걸었다.

"실장님~ 잘 지내시죠? 저 혹시 고양에 있는 지식산업센터 어떻게 생각하세요?"

우렁찬 목소리의 실장님은 특유의 너털웃음을 지으며 말을 이어갔다.

"아이고, 사장님! 고양 요즘에 괜찮아요. 수요가 꽤 있더라고요. 분양받기가 힘들어서 그렇지 잡을 수 있으면 잡으세요!"

"아, 그래요? 그럼 저 실장님만 믿고 들어갑니다."

전화기를 내리고 나의 선택에 확신을 가질 수 있었다.

'역시 A 부동산에서 받은 의뢰는 연관관계가 없는 B 부동산에 물어보면 나름 객관적인 판단을 할 수 있구나'

그렇다. 2~3개의 부동산 중개사분들이랑 친해져 놓으면 다양한 시각의 정보와 본인의 사리사욕이 빠진 정보를 얻기가 수월했다. 향동은 분양 대행사별로 시행사에서 물건을 가져오면 본인들이 아는 사람들에게 분양을 하는 방식이었다. 나는 여러 개의 분양 대행사에 중복으로 청약의향서를 접수했다. 어느 분양 대행사가 몇 층의 물건을 몇 개 가져올지는 아무도 몰랐다. 3군데의 분양 대행사에 접수했는데, 그중 1개 회사에서 계약 의향을 물었다. 나는 그 기회를 놓치지 않았고, 내 자금 흐름에 맞게 2개의 호실을 계약할 수 있었다. 계약금을 입금하고 모델 하우스에서 도장을 찍고 나니 그 건물이 완공되는 3년 뒤가 더욱 기대되었다.

'부디 3년 뒤 서풍이 강하게 불기를!'

CHECK POINT

분양 방법

초치기

(기준시점에서 가장 가까운 입금자에게 배정)

분양대행사에게 물량 배정

(여러 대행사에게 의향서 제출하면 유리)

분양 여부 판단 시 주의사항

1. 주변 시세 파악하기
2. 구옥 및 신사옥 임대료 파악 후 구옥은 최저점, 신사옥은 최고점으로 책정하고, 최저점 임대 시 수익률 파악하기
3. 최저점 수익률이 감당 가능하면 진행하기

지식산업센터 분양 절차

1. 입주의향서 제출하기

: 입주의향서는 고객의 수요를 확인하는 절차일 뿐 본계약이 아니다.

2. 사전 계약금 또는 청약금 준비하기

: 분양 현장마다 다르지만 청약금을 받는 곳도 있고 계약금 전체를 받는 경우도 있다.

3. 계약서 작성하기

: 시행사에 기한까지 계약금 10%를 납부하고 계약서를 작성한다. 이때 분양금액, 호실, 면적, 부가세 등을 확인하고 자서하면 된다. 여기에 시행사, 신탁사, 시공사 도장이 확인되면 분양권을 소유하게 된다. 이때 지식산업센터 입주 가능 업종으로 사업자를 내는 것이 중요하다.

4. 중도금 대출

: 대부분 첫 분양계약서 작성으로부터 5~6개월 후 중도금에 대한 자서를 한다. 이자는 대부분 시행사에서 납부하므로 무이자로 진행된다. 다만, 부가세의 경우 케이스별로 함께 납부해 주는 경우도 있고 자납해야 하는 경우도 있다. 사실 부가세는 환급이 되므로 부가세까지 대출하면 분양자 입장에선 훨씬 유리하다.

5. 잔금과 등기

: 중도금 대출이 되었다면 잔금을 납부하기 전까지는 절차가 없다. 잔금을 내고 나면 임대의 경우 4.6%의 취득세를 내고 직접 사용은 취득세를 면제받는다. 다만, 5년 내로 임대를 줄 경우 4.6%의 취득세에 가산세까지 붙기 때문에 등기와 동시에 내는 것이 유리하다.

이야기로 읽는
지식산업센터
투자

제8장

지식산업센터 매매 투자

" 경영의 본질은 문제에 대한 논리적 해석이다 "

- 최필주 -

이야기로 읽는
지식산업센터
투자

8장

지식산업센터 매매 투자

" 경영의 본질은 문제에 대한 논리적 해석이다 "

- 최필주 -

실입주 매입, 전매 투자, 마지막으로 분양을 받으니 지식산업센터가 한층 친숙하게 느껴졌다. 분양을 받기 위해서 연락하던 영업사원 한 명이 새로운 투자로 나를 이끌었다.

"사장님. 잘 지내시죠? 군포에 정말 좋은 물건 하나 있어서 연락드렸어요. 당정동에 A 타워입니다. 내년 7월 준공인 물건으로 법인이 계약을 급하게 취소한 것을 제가 영업 물건으로 받아왔어요."

"정말요? 감사합니다. 혹시 연면적이랑 층고는 어떻게 되나요? 기본적으로 연면적 1만평 이상, 층고는 5M이상은 되는 물건을 구매하고 싶습니다."

"연면적은 8천평이고, 층고는 4M로 조금 낮습니다. 그래도 구매 하시면 제가 전매시켜드릴게요. 정말 사장님 위해서 제일 먼저 연락드린겁니다."

"일단 고민 좀 해보고 다시 연락드리겠습니다."

"네. 빠르게 연락주세요. 제가 물건 1시간 정도는 판매 못하도록 묶어 두겠습니다."

영업사원중 일부는 판단력을 흐리게 하기 위해 다급하게 물건을 추천한다. 이럴 때는 의도적으로 한 템포 쉬어가야 한다. 인터넷 검색을 해보니 법인 취소 물건이 아니라 미분양 물건이라는 것을 알 수 있었다. 영업사원이 거짓말을 했다는 것을 알게 되니까 신뢰가 생기지 않아 거래는 거절했지만, 최근 의왕과 군포 지역에 정부 개발 계획이 발표된 터라 물건이 궁금해서 운전대를 돌렸다. 현장에 방문하고 감탄을 하지 않을 수 없었다.

'거리가 엄청 깔끔하구나. 주변에 물류센터도 많고, 공장도 꽤 있는걸 보니 배후수요도 만만치 않겠어.'

A타워에 대해서 지역 부동산에 방문해 질의해보았다.

"사장님. 안녕하세요? A타워 분양 받을까 고민 되어서 방문해 보았습니다. 구매 전에 임대는 잘 나갈지 분위기는 어떤지 사장님 의견이 궁금해서요."

"A타워요? 처음 분양할 때만해도 잘 안된다고 판단했어요. 연면적도 작고, 이 주변은 제조업하는 분들이 대부분인데 저긴 층고가 낮아서 기계도 잘 안 들어가요. 그런데 최근에 개발계획 발표되더니 또 분양을 다 하더라구요. 분양대행사가 대단한 건지, 지식산업센터 인기가 대단한 건지. 신기합니다. 지금 사라 마라 말씀드리기는 좀 그렇고 나머지는 본인이 판단하세요."

"감사합니다. 혹시 부동산이 있는 B타워는 가격이 어떻게 되나요? 바로 옆에 붙어 있으니까 가격도 비슷한가요?"

"여기는 평당 680만 원정도 해요. A타워가 780만 원이니까 100만 원 저렴한거죠. 연면적도 2만평이고, 층고도 5.5M로 잘 빠졌습니다. 준공한지도 2년밖에 되지 않았구요."

"여기 물건 너무 괜찮은데요? 혹시 급매로 나온 물건이 없나요?"

"이 건물에 하나 있어요. 한 번 보실래요? 그리고 또 바로 옆 건물인데, 저기는 작년에 준공했어요. 나머지는 다 비슷하고 연면적만 1만 5천평으로 조금 작지. 그런데, 1만 5천평 넘어가면 다 비슷해요. 연면적 크면 좋은 점이 관리비 싸고, 관리가 잘 된다는 건데 일정 수준 넘어가면 다 좋거든요. 건물 자체는 저기가 더 좋아요. 그런데 나온 물건이 평당 40만원 더 비싸. 대신 임차인이 있어서 임대사업 목적이면 리스크가 적겠죠?"

"물건 두 개 다 한번 보여주세요."

"알겠습니다. 보러 가시죠. 대신에 빨리 결정하셔야 되요. 이게 워낙 급매 물건이라서 내일 누가 또 보러 오기로 했거든요."

물건을 둘러보고 난 뒤 A타워에 대한 생각은 깨끗이 사라졌다. 1~2년 정도 차이면 훨씬 좋은 건물인 B나 C 물건을 구매하는 것이 현명해 보였다. 알고 지내던 은행 지점장에게 두 물건의 대출한도를 조회한 뒤 관심 있는 물건을 정리 해둔 엑셀파일에 입력해 투자 비교표를 작성했다.

(단위: 평, 원)

	제1안	제2안	제3안	제4안
건물명	군포 당정동 B타워	군포 당정동 C타워	군포 당정동 C타워 드라이브인	삼송역 A타워
평수	48평	76평	110평	43평
총액	320,000,000	476,000,000	690,000,000	420,000,000
평당 금액	6,666,667	6,219,783	6,257,368	9,635,237
대출율	80%	80%	80%	80%
대출금	256,000,000	380,800,000	552,000,000	336,000,000
매입자금	64,000,000	95,200,000	138,000,000	84,000,000
취등록세	17,600,000	26,180,000	37,950,000	23,100,000
이 자	7,680,000	11,424,000	16,560,000	10,080,000
월 이자	640,000	952,000	1,380,000	840,000
연 세	13,939,200	22,224,312	24,000,000	16,215,480
월세	1,161,600	1,852,026	2,000,000	1,351,290
순 연수익	6,259,200	10,800,312	7,440,000	6,135,480
순 월수익	521,600	900,026	620,000	511,290
수익률	7.67%	8.90%	4.23%	5.73%

	제5안	제6안	제7안	제8안
건물명	하남 B타워	김포 A타워	동탄 A타워	하남 C타워
평수	22평	33평	20평	19평
총액	190,000,000	185,000,000	125,300,000	200,000,000
평당 금액	8,636,364	5,560,565	6,353,955	10,548,523
대출율	80%	80%	80%	80%
대출금	152,000,000	148,000,000	100,240,000	160,000,000
매입자금	38,000,000	37,000,000	25,060,000	40,000,000
취등록세	10,450,000	10,175,000	6,891,500	11,000,000
이 자	4,560,000	4,440,000	3,007,200	4,800,000
월 이자	380,000	370,000	250,600	400,000
연 세	6,000,000	8,783,280	5,005,848	5,986,248
월세	500,000	731,940	417,154	498,854
순 연수익	1,440,000	4,343,280	1,998,648	1,186,248
순 월수익	120,000	361,940	166,554	98,854
수익률	2.97%	9.21%	6.26%	2.33%

- 수익률 표-

하남, 김포, 동탄 등과 비교해도 군포의 임대수익률은 우수했다. 매매가 역시 타 지역보다 저렴하게 형성되어 있어 아직 저평가 되어있는 지역이란 것을 알 수 있었다. 군포 지역 내에서는 수익율로는 2안을 선택하는 것이 현명해 보였다. 하지만 임대가 이미 맞춰져 있고, 건물이 훨씬 깔끔한 1안에 대한 미련을 떨치기 힘들었다.

함께 공부하는 투자자, 영업사원, 공인중개사 여러 명에게 조언을 구했다. 의견은 딱 반반이었다. 다소 가격이 비싸도 향후 매각 혹은 임대를 생각하면 더 마음에 드는 건물을 하라는 것이 1안을 좋다고 판단하는 이유였다. 2안을 지지하는 이유는 붙어 있는 건물로 입지에 차이가 없고, 연면적과 층고가 유사하면 1년 오래된 건물이고 디자인이 다소 떨어지더라도 가격형성에는 큰 차이가 없으니 매매가가 더 저렴한 것이 낫다는 것이다. 한참을 고민하다 결국 2안을 선택했다. 이쁜 건물도 좋지만 여건이 비슷하면 저렴한 건물이 임대가격도 더 낮게 책정할 수 있으니 나의 투자목적과 일치한다고 판단했다.

"사장님 C타워물건 제가 진행하겠습니다."

"너무 빠르게 결정하는 것 아닌가요? 좀 더 생각해보세요."

"충분히 좋은 물건이에요."

"어떤 점에서 그렇게 생각하시는 건가요?"

"첫째로 A타워 분양가에요. 지식산업센터에서 연면적과 층고는 중요한데, 그보다 못한 건물이 훨씬 비싼 가격에 분양이 완료되었어요. 그러면 임대료가 상승할 수 밖에 없어요. 상승안하더라도 1~2년 차이나는 좋은 컨디션의 건물은 저 가격을 따라가겠죠. 그리고 올해 말에 주변에 평당 1,300만 원에 분양하는 지식산업센터가 있는데 벌써 대기 수요가 엄청 나더군요. 주변 지역을 따라간다고 보면 시세 상승 가능성이 상당히 높죠. 그 신규 분양물건은 연면적이 10만평이라던데, 건설 자체만으로 지역 경제가 활성화 될 거에요. 수많은 공사장 사람들이 밥을 사먹고 소비를 할 겁니다. 투자자, 공사참여 업체 등으로 인해서 지역 자체가 인기가 많아질겁니다. 두 번째는 주변 지식산업센터 가격입니다. 한 정거장 떨어진 금정 주변이 1,000만 원이고, 의왕은 900만 원이에요. 그런데 오늘 이 지역에 방문해 보니 지역 분위기가 비슷해요. 심지어 주변에 물류창고나 연구소 건물도 있는 것이 인상적 이구요. 세 번째는 임대 수익률이에요. 요즘 지식산업센터 시세상승이 워낙 가팔라서 이정도 수익이 나오는 지역이 잘 없거든요. 그러면 당연히 투자 수요를 흡수하기에도 수월하겠죠."

"와 젊은 분이 완전 도사였네요. 도사! 계약 진행합시다."

다행히 매도자가 실사용하고 있는 건물이라서 두 번 방문할 필요 없이 그 날 계약서를 작성할 수 있었다.

'이제 남는 돈도 없으니까 한동안 투자는 그만해야겠다. 정말 운이 좋았어. 호기심으로 방문한 곳에서 이렇게 좋은 물건을 찾다니...'

CHECK POINT

지식산업센터 투자 3요소

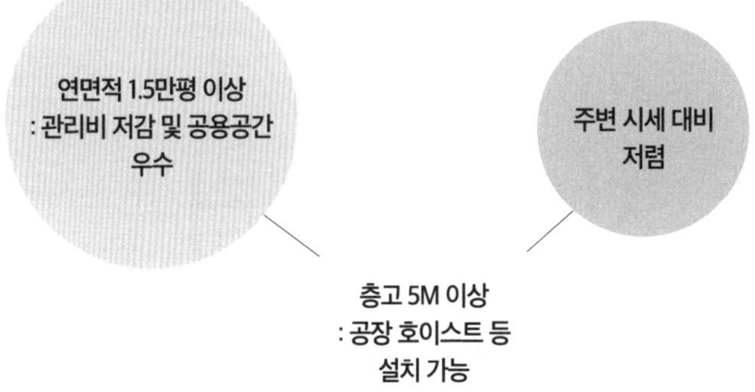

가계약금 Q&A

Q: 부동산 계약은 24시간내에 환불이 가능한가요?

A: 부동산 계약은 24시간 이내 해지하여도 계약금 반환은 불가능하다. 소비자보호법에 기반하여 물건을 구매했을 경우는 단순 변심으로 환불이 가능하나 부동산계약은 계약 성립시점부터 구속력을 갖기 때문에 별도 특약이 없는 한 취소가 불가능하다.

Q: 가계약금은 환불이 가능한가요?

A: 가계약금은 거래일자, 거래금액, 물건 정보가 명확히 공유된 상태에서 지급된 가계약금은 반환이 불가능하다.

제9장

지식산업센터 시행

" JUST DO IT "

- 나이키 -

이야기로 읽는 지식산업센터 투자

9장

지식산업센터 시행

" JUST DO IT "

- 나이키 -

8월 10일 오후 4시 왼쪽 주머니에서 진동이 울렸다.

"여보세요? 오랜만입니다. 잘 지내시죠?"

모델 하우스 공사를 진행하며 친해진 종합건설사 직원이었다.

"네, 그렇지 않아도 시행사로 이직하셨다는 이야기는 들었습니다. 어떻게 지내세요?"

"제가 요즘 지식산업센터 시행을 담당하는데, 과장님께 몇 가지 질의 좀 하려고 전화 드렸습니다. 이렇게 일 있을 때만 전화 드려 죄송합니다. 이직하고 첫 프로젝트라 좀 욕심이 나네요. 지식산업센터 시행인데 큰 틀 좀 알려주세요."

역시 이유 없는 전화는 없다는 생각이 들었지만, 마음과 달리 목소리는 친절했다.

"아~ 지식산업센터요? 요즘 지식산업센터 투자가 핫합니다. 예전에 시행팀에 있었을 때 곁눈질로 지식산업센터는 살짝 본 것이 단데 도움이 될지 모르겠네요. 전 주택이랑 생활형 숙박시설을 주로 했어서요. 그런데 지식산업센터도 과정은 똑같아요. 괜찮은 토지가 있으면 계약금 10%를 지급하며 계약을 진행하고, 그것을 기반으로 시공사랑 사업 약정을 체결하는 거죠. 우량 건설사에서 책임준공 그러니까 책임지고 준공은 무조건 해준다는 확약이 있으면 공사비를 증권사에서 빌려주는 거죠. 요즘 도급공사비는 사백삼십만 원에서 사백오십만 원 정도 할 거예요. 그러곤 뭐 있나요? 인허가는 주택보다 훨씬 간단해요. 건축심의 접수하고, 주택이 아니니까 건축허가 나오면 분양하는 거죠. 아파트랑 달리 시행사가 알음알음 분양도 할 수 있고 잘 팔리면 묶었다가 비싸게도 파니까 사업 수지는 좀 좋아 보였어요. 제가 사업일정표랑 구조도 한번 보내 드릴테니 참조하시면 될 거예요."

구분	일정	내용	비고
경과 사항	기준월 +0	토지매매계약 체결	
	기준월 +5	사업 약정서 체결	
	기준월 +6	토지 소유권 이전 완료	
	기준월 +7	건축심의 완료	
	기준월 +8	건축허가 접수	
추진 계획	기준월 +10	건축허가 완료 및 공사도급계약 체결	시공사 : 책임준공 제공
	기준월 +12	대출약정 및 신탁계약체결 , PF 기표	관리형토지신탁 , PF
	기준월 +15	착공 및 분양	
	기준월 +45	준공	책임준공 30개월 - 착공준비 3개월 +공사기간 25개월 +유예 2개월

-일정표-

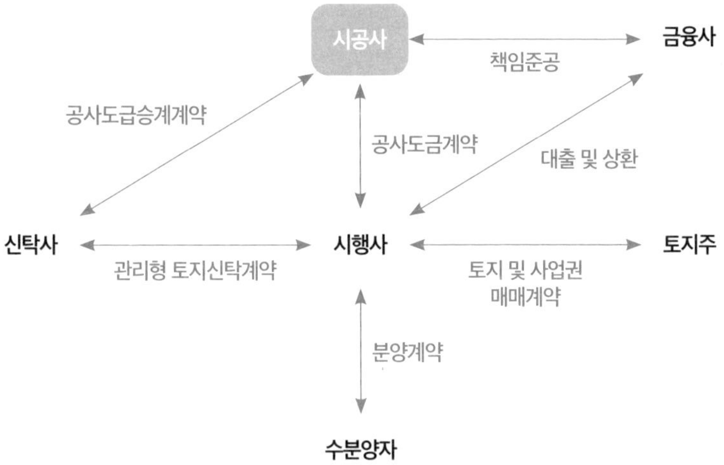

- 사업구도 -

"정말 감사합니다. 혹시 죄송한데 대략적인 사업 수지도 좀 알 수 있을까요? 결국 돈 벌자고 하는 건데 참고할만한 간단한 수지라도 주시면 감사하겠습니다."

물에 빠진 사람을 구해주면 보따리도 내놓으라고 한다더니 진배없다는 생각이 들었다.

"사업 수지표는 구체적인 금액은 다 제하고 간단하게 보내드릴게요. 참조해서 보시면 편할 거예요."

(단위 : VAT별도)

사업수지 조건	▶ **분양률 기본 가정** - 기숙사 : D+1 50%, D+6 100% - 지산 / 근생시설 : D+1 30%, D+2 40%, 준공시100% - 지식산업센터 : D+1 70%, D+3 100%	▶ **중도금 무이자**

구분			산출근거	비고
시행사	매출	지식산업센터	100,000 평 × @ 900 만원 /평	
		근생시설	20,000 평 ×@ 1,900 만원 /평	
		기숙사	9,000 평 × @ 1,030 만원 /평	
		운동시설	1,000 평 ×@ 2,000 만원 /평	
		계		
	지출	토지대	21,000 평 × @ 1,500 만원 /평	취등록세 , 사업권양도양수비 포함
		도급공사비	130,000 평 ×@ 450 만원 /평	
		분양비	M/H,분양대행수수료 , 광고선전비 등	
		금융비	수수료 , 이자 등	
		기타	설계비 , 용역비 , 제세공과금 등	미분양판촉비 , 민원처리비 , 예비비 등
		계		
	개발이익			**자본금 + 개발이익 = 엑시트 버퍼**
시공사	매출	도급공사비	130,000 평 × @ 450 만원	
	지출	실행공사비	130,000 평 × @ 390 만원	
		본사관리비	도급액 (VAT 별도)의 0.0%	
		기타비용	하자보수비 , 기타원가 등	
		계		
	경상이익			

-사업 수지-

사업 수지표를 보내다 오랜만에 자세히 들여다보니 수익성이 꽤 좋다는 것을 알 수 있었다.

'와~ 아파트보다 지식산업센터가 시행사 수익률이 훨씬 크구나. 하기야 잘되는 사업장은 중간에 자기들 마음대로 분양 멈추고 가격 올려서 분양을 진행하거나 피를 받기도 하니까. 요즘 지식산업센터가 돈 번다는 소문이 퍼졌는지 토지주들도 성수동은 평당 칠천만 원을 넘게 요구한다던데 점점 시행하기가 어려워지겠구나. 시행사들도 더 이상 토지를 매입하러 다니는 것이 아니라 시행을 대행해준다고 포트폴리오를 만들고 다니지. 앞으로 서울 지식산업센터 시행구조는 토지주 직접 구조로 가려나? 지식산업센터 전매 금지되고 분양 물건 맥스로 풀리고 나야 시장이 좀 진정되겠다.'

생각이 채 끝나기도 전에 전화기 너머로 추가 질문이 이어졌다.

"마지막으로 질문 하나만 더 드릴게요~ 저도 시행 공부하다가 개인 투자도 알아보고 있는데 아는 영업사원이 PF(PROJECT FINANCE)가 나온 실착공 지식산업센터는 무조건 안전하다고 하더라고요. 금융사가 어떤 회사입니까? 수재들이 금융 공부하고 모여서 분양성이 확실하고 그 가격이 경쟁력이 있다고 판단해서 돈을 빌려주는 것 아닌가요? 안 그래도 주변에서 분양성이 없으면 PF 즉 금융사에서 대출 자체가 안 나온다고, 안심하라고 일단 사고 보라던데, 맞는 이야기일까요?"

질문을 들은 나는 너무 어이가 없었다. 누가 저런 위험한 발상으로 사람들한테 영업을 하는 것일까 생각하며 답을 이어갔다.

"전혀 아니에요. 금융사는 계약할 때 준공일로부터 몇 개월까지 분양률을 일정 이상 못 채우면 10% 할인 분양 20% 할인 분양을 계속 들어갑니다. 그러니까 PF가 잘 나온 사업장이라고 해도 구매한 뒤에 내가 계약한 금액 이하로 떨어질 가능성은 충분하다는 거예요. 그리고 지금 부동산 PF 규모가 과거의 영광 때문인지 너무 과도해서 위험하다는 지표가 계속 나오고 있습니다. 그렇게 근시안적으로 보는 건 위험해요."

"감사해요! 괜히 시행 기웃거리다 보니 투자에도 욕심이 생겨서 무턱대고 들어갈 뻔했는데, 큰일날 뻔했군요."

"지식산업센터 자체가 요즘 인기가 많죠. 분양도 꽤 많이 하던데, 기개발된 지역의 지식산업센터는 임대 측면에서는 유리할 수 있어요. 시세 상승 측면에서는 위험할 수 있고요. 주변에 중소기업이 많으면 입주기업은 충분하니 임대는 비교적 빠르게 맞춰지겠죠. 반대로 개발되지 않은 지역에 대규모로 분양되면 1년까지는 공실 각오하셔야 해요. 어느 지역을 검토하시는지는 모르겠으나 모쪼록 사업 잘 되시길 바랄게요."

금융권에서는 단순히 사업만 보고 돈을 빌려주진 않는다. 사업장과 상품이 다소 불확실해도 대표이사의 보증이나 시행사 규모를 보고 PF를 일으켜 주기도 한다. 때로는 시행사가 다른 주택 사업지를 빌미로 시공사와 협상한 뒤 지식산업센터에 대한 책임준공 확약을 받아 대출을 받기도 한다. 단순히 PF가 나온 사업장이니까 안전하다는 발상은 무척 위험하다. 그마저도 금융권에서는 할인 분양 조건으로 리스크를 회피한다. 분양 투자자 입장에서는 계약금 즉, 10% 할인 분양만 하더라도 계약을 포기하게 된다. 그러니 PF의 유무는 개인투자 리스크 판단에 아무런 근거가 되지 못한다.

CHECK POINT

벌집순환모형 이론

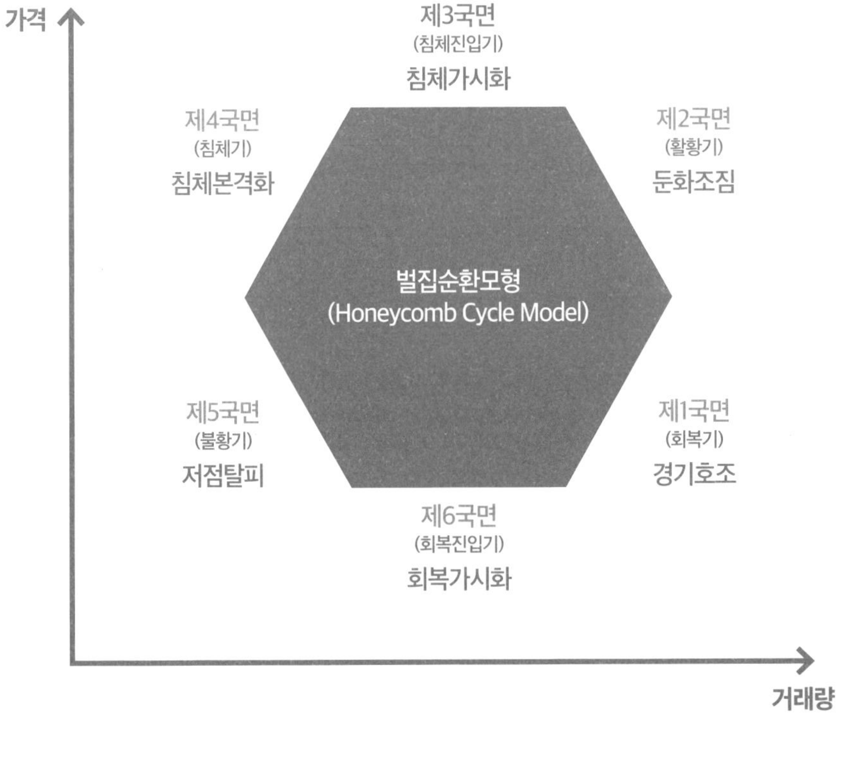

출처: KB금융지주경영연구소, 월용카페

결론

투자 제언

" 부지런하면 세상에 어려울 것이 없다 "

- 정몽구 -

이야기로 읽는 지식산업센터 투자

결론

투자 제언

" 경영의 본질은 문제에 대한 논리적 해석이다 "

- 정몽구 -

일련의 사건들이 마무리되면서 지식산업센터란 무엇일까 생각해보았다. 편안한 주차, 중소기업으로는 누리기 힘든 깔끔한 건물, 공용공간, 대규모 개발로 갖추어지는 인프라 등의 장점 때문에 허름한 빌라에 있는 중소기업으로서는 사옥 이전의 메리트를 누리기에 충분해 보인다. 아마 여러 군데 있는 중소기업들이 지식산업센터로 모여들고 그 부지에 새로운 건물들이 올라갈 때까지는 분양에 있어서 큰 리스크는 없지 않을까 조심스레 예측해본다. 그렇다고 해서 현재가 대비 지속적인 상승장을 예측하는 것은 아니다.

지식산업센터 상품 중 요즘 인기가 가장 많은 특화설계는 드라이브인이다. 드라이브 인이 좋은 이유는 화물차가 오피스 바로 앞까지 올 수 있다는 점과 상품에 따라 사무실 앞에 주차가 가능한 점이 가장 크다. 라이브 오피스는 시장에 나온 지 오래되지 않았는데, 스타트업의 훈풍을 타고 매니아층을 흡수하고 있다. 지식산업센터는 철저히 사업가의 입장에서 분석하면 편하다. 매입 물건 주변에 있는 기업체의 유형을 파악하고 그들의 입장에 이입해서 사업하기 좋겠다고 생각되는 곳에 투자하면 백전불태일듯하다.

부동산은 움직이지 않는 재산이다. 그 말은 첫째도 입지, 둘째도 입지라는 뜻이다. 입지를 분석하기 위해서는 주변 개발계획을 공부하고 교통망을 살펴보는 것이 기본이다. 부동산이 전체적으로 오르는 시기는 점점 꺾일 것이다. 결국 지역별로 상승폭이 크게 차이가 나는 국지전으로 흘러갈 것이다. 이렇게 되면 입지 공부를 잘한 투자자가 승리하게 된다. 부동산은 주식과 달리 레버리지 효과를 극대화할 수 있다는 것 역시 큰 장점이다. 하지만 레버리지는 반대 효과 역시 극명하다. 현재는 부동산으로 번 사람들만 있어서 좋아 보일 수 있지만 반대로 내려가기 시작하면 그 효과도 무시할 수 없다. 모든 재테크에는 늘 리스크가 따른다는 것을 명심해야 한다.

성수동 지식산업센터의 경우 최근 가격이 천정부지로 치솟고 있다. 수도권 지식산업센터와 비교했을 때 평당 삼천만 원까지는 상승 가능성이 있다고 전문가들은 분석한다. 하지만 투자자로서 위태롭지 않으려면 자신만의 한계점을 설정해야 한다. 나는 임대수익이 목적이었기에 임대수익률으로 매입 한계점을 설정했다. 부동산 가격상승을 보고 그 혜택을 누리고 있으니 추가 매입에 대한 강렬한 유혹이 들었다. 하지만 목표 임대수익률이 나오지 않아 매입을 멈췄다. 스스로 세운 규칙을 어기는 순간 그 투자는 투기가 된다.

3년 전만 해도 지식산업센터가 뭔지도 모르는 사람이 꽤 많았다. 하지만 이제는 제법 아는 사람들이 보인다. 시행업에서는 '대중들보다 늘 한 발 빠르게'라는 격언이 있다. 그들은 대중들이 아파트에 열광할 때 지식산업센터 개발을 연구했다. 또 이제는 지식산업센터가 유명해졌으니 물류창고나 데이터센터를 연구하고 있지 않을까? 지식산업센터가 각광 받았던 가장 큰 이유가 임대수익률 10%였다. 이젠 대중들에게 많이 알려져서 그런지 그 절반 정도가 대부분이다. 5% 임대수익률이면 크게 메리트가 있는 투자처는 아니다. 그럼에도 불구하고 인기는 날로 높아진다. 그 이유는 지식산업센터 투자 1세대들이 많은 임대수익을 거두고 있고, 현재 원가 대비 2~3배가량 가격이 올랐기 때문이다. 그들은 추가로 지식산업센터를 매입하는 데 있어 두려움이 없다. 하지만 이들이 추가 매입을 끝내고 시장에서 아웃하면 어떻게 될까? 아마 그 피해는 2세대, 3세대 투자자들이 고스란히 떠안아야 할 것이다. 이 책을 읽는 독자분들은 본인만의 투자 규칙을 가지고 공부하며 지식산업센터 투자를 이어갔으면 좋겠다.

부록

자주 묻는 질문과 지극히 주관적인 답변

지식산업센터 분양 계약 시에도 부동산 실거래 신고를 해야 하나요?

: 산업 집적 활성화 및 공장 설립에 관한 법률에 따른 인허가 등을 득하여 건축물을 공급하기에 신고 대상에 해당하지 않습니다. 다만 준공 후 취득 및 매매 시에는 부동산 실거래를 신고를 취득일로부터 60일 이내에 진행해야 합니다.

지식산업센터를 임대 사업목적으로 개별적으로 분양받는 것이 가능한가요?

: 산업단지 내외를 불문하고 일반개인도 분양받을 수 있습니다. 다만, 임대를 하려는 경우 분양공고 등에서 실수요자만을 분양 대상으로 정하는 경우는 예외, 입주 가능 업종에 맞춰 사업자 등록을 낸 후 입주 후에 입주계약 변경 후 임대업을 진행하고 있습니다.

대출은 얼마나 나오나요?

: 통상적으로 분양받았을 경우 분양가의 70%~90%, 매입의 경우 매입가의 70%~90%가 나옵니다. 대출 한도와 금리는 사람마다 다르므로 매매계약을 체결하기 전 은행에 꼭 확인해보고 진행해야 합니다.

임대료는 어떻게 되나요?

: 주변 부동산에 물어보는 것이 가장 빠르나 2021년 기준 성수동의 경우 평당 5만 원~6만 원, 하남이나 고양은 2.5만 원~3.5만 원, 군포는 2만 원~2.5만 원으로 알고 있습니다.

서비스 면적이 많으면 임대료를 더 받나요?

: 서비스 면적이 많은 호실, 예를 들어 코너 호실은 타호실에 비해 강점이 있습니다. 그러나 이러한 강점은 대부분 임차가 더 빠르게 맞춰지는 효과로는 작용해도 임대가격의 상승으로 이어지는 경우는 보지 못했습니다.

지식산업센터의 유행은 계속 갈까요?

: 구옥에서 지내는 기업이 있는 이상 계속 갈 것 같습니다. 대규모 개발로 이루어지다 보니 인프라가 개선되고, 주변에 회사들이 모여 연쇄 개발 작용이 일어나고 있습니다. 기업이 무한정이 아닌 만큼 한계는 올 것으로 보입니다. 또한 사람들이 점점 관심을 많이 가져서 경쟁이 치열해지고 수익률은 다소 떨어질 것으로 예측됩니다.

요즘 금리가 오르는데 이런 경우 어떻게 미래를 예측하시나요?

: 미래를 예측한다는 것이 무척 조심스럽기는 하나 경제위기로 경기가

급격히 나빠지지 않는 이상 임대료 상승으로 이어지지 않을까 합니다. 하지만, 2023년부터 공급이 많이 풀릴 때 금리가 오른다면 공실을 감당하지 못하고 매도하는 분들로 인해 일시적인 가격하락은 있을 것 같습니다.

지식산업센터 관련 정보는 어디서 보나요?

: 청약 정보를 모아둔 곳은 없고, 단체 카카오톡방, 블로그, 카페 등을 통해서 받습니다.

지식산업센터를 운영하며 내는 세금은 어떤 것이 있나요?

: 취득세, 부가가치세(환급 가능), 종합소득세(개인), 법인(법인세), 재산세, 주민세, 교통유발금이 있습니다. 이중 교통유발금은 계약 시 임차인과 협의해서 누가 낼지 산정할 수 있습니다. 또한 직장가입자의 경우 근로소득을 제외한 다른 소득이 연 2천만 원을 초과하면 건강보험료율을 곱해 추가 부담금을 내게 됩니다. 2021년 건강보험료율은 6.86%입니다.

하나의 지식산업센터 호실을 나눌 수 있나요?

: 공유 오피스라고 생각하시면 됩니다. 임차인에게 임대면적을 평당으로 나눠서 사업자 등록이 가능하게 비상주형으로 받을 수도 있고, 여러 명

의 임차인을 받는 것도 가능합니다. 이때 인테리어를 통해 큰 호실 내를 구분할 수 있으나 관리비 분납, 임차인 간의 트러블 중재 등 지속적인 관리가 필요합니다.

사업자 등록증은 언제 내야 하나요?

: 사업자 등록은 매매 계약 후, 분양 직전에는 진행해야 합니다. 사업자가 있어야 대출이 가능하기 때문입니다.

지식산업센터 기숙사에 전입신고가 되나요?

: 현재 생활형 숙박시설, 오피스텔을 수익형으로 산정했다가 전입신고를 해서 문제가 되는 경우가 많습니다. 기숙사는 주택법상 주택이 아니기에 전입신고가 되지 않습니다. 다만, 해당 지식산업센터를 이용하는 실사용자들의 거주 편의를 제공하기 위해 설립된 것이니만큼 실사를 나오는 경우가 종종 있습니다.

오래된 지식산업센터 재건축 또는 리모델링 가능할까요?

: 국가에서 용적률 인센티브를 많이 주지 않는 이상 힘들 것으로 판단됩니다. 이미 용적률은 꽉 채웠고, 수많은 임차인이 다른 곳에 사무실을 구해야 하는데 쉽지 않을 것 같습니다.

지식산업센터 전매제한법을 검토 중인 걸로 아는데, 어떻게 될까요?

: 사실상 소급적용은 어려울 것으로 보입니다. 기존에 분양받은 사람들 역시 국민이고 한둘이 아니니까요. 그렇다면 법 발효 기준으로 적용을 할 텐데 그렇게 되면 지금보다는 분양시장이 얼어붙을 것으로 예상됩니다.

라이브 오피스는 무엇인가요?

: LIVE OFFICE는 내부에 화장실이 있어 일정부분 생활하며 지낼 수 있는 사무실입니다. 높은 층고를 이용하여 다락방으로 개조해 침대를 두고 쓰는 분들도 있더군요. 개인적으로는 스티븐잡스, 일론머스크 등 IT계열 스타트업하는 분들이 사무실에서 먹고 자고 하니까 유행처럼 생긴 게 아닐까 합니다.

라이브 오피스도 전입신고가 되나요?

: 용도가 공장이라 전입신고가 불가능합니다.

월세에 대한 세금계산서는 금액을 받고 발급하나요?

: 월세를 받기 전에는 청구 계산서, 받은 후에는 영수 계산서로 발급가능합니다. 저는 임차인에게 월세일을 일깨워 줄 겸 입금일에 청구로 보내는 편입니다.

지식산업센터 구입 후 인테리어를 하면 경비 처리가 되나요?

: 수선비라는 항목으로 가능합니다. 개별 자산별 수선비 지출액이 300만 원 미만, 직전 자산가액의 5% 미달, 3년 미만의 주기적인 수선 지출 비용은 경비로 인정됩니다.

경비로 인정되는 항목은 무엇이 있나요?

: 인건비, 복리후생비, 접대비, 지급이자, 지급수수료, 제세공과금, 보험료, 수도광열비, 수선비, 건물감가상각비, 차량유지비, 광고선전비, 기부금이 있습니다.

지식산업센터 내 상가는 대출 어느 정도 나오나요?

: 상가는 근린생활시설로 대출이 60%정도 나옵니다.

지식산업센터는 몇 층이 인기가 많나요?

: 저층과 고층이 많습니다. 고층은 뷰가 장점이고 저층은 엘리베이터 이용이 장점입니다. 총 근무자 수가 꽤 많아서 출퇴근 및 점심시간에 사람이 많아 계단 이용이 가능한 저층도 인기가 좋습니다. 드라이브인의 경우는 말할 필요도 없이 저층이 인기가 좋습니다.

수도권을 기준으로 서쪽과 동쪽 어디가 인기가 많을까요?

: 현재 동쪽은 기개발된 지역이고 서쪽은 이제 막 개발의 훈풍이 불고 있습니다. 서쪽의 분양가와 동쪽의 시세를 보면 서쪽 분양가가 평당 200~300만 원 더 비싼 것을 볼 수 있습니다. 이는 준공 시점의 시세를 예측하여 분양한 것으로 보고 있습니다. 주변에 분양한 것이 시세가 되어 후속 분양 지식산업센터는 분양가가 계속 조금씩 올라가는 거죠. 그 가격에 다 팔렸으니 좀 더 해도 팔릴 것이라는 예측이 가능합니다. 그러면 프리미엄도 계속 붙겠죠. 분양가 허가받기도 쉽고요. 임대수익률로만 봤을 때는 동쪽이 더 좋을 것 같습니다. 하지만 서쪽은 향후 개발의 여지가 동쪽보다 좀 더 풍부할 것 같습니다. 인천의 경제력은 이미 부산을 앞질렀으며, 향동, DMC, 마곡 대규모 개발 호재들이 많습니다. 하지만 동쪽은 사업과 관련된 호재보다는 휴양 혹은 주거용으로 개발을 많이 하고 있죠.

일반 직장인도 할 수 있나요?

: 일반 직장인도 진행가능합니다. 다만 회사의 내규에 따라 개인사업자를 내지 못하는 경우가 있어 이는 회사에 미리 확인해 봐야 합니다. 편법으로는 법인을 설립한 뒤 대표이사를 타인으로 세우고 본인이 100%지분을 갖는 경우도 본적이 있습니다.

드라이브인은 알겠는데 도어투 도어는 무엇인가요?

: 도어투도어는 문 바로 앞까지 화물차가 들어올 수 있는 것을 뜻합니다. 최근 전자상거래의 증가로 도어투도어의 인기가 급상승하고 있습니다. 공장이 아니라면 분위기 때문에 드라이브인을 꺼려하는 경우도 많으므로 투자시 신중한 접근이 필요합니다.

지식산업센터 투자시 꼭 고려해야할 요소는 무엇이 있을까요?

: 역세권, 주변 개발 계획, 연면적 1.5만평 이상, 층고 5M이상, 주변 시세 대비 가성비가 좋을 것, 조망, 공장 내부 기둥의 유무 등이 있습니다. 연면적이 크면 공용공간의 퀄리티가 좋습니다. 또한 관리비가 상대적으로 저렴하고 건물 관리가 잘되서 오래되도 큰 하자가 없습니다. 층고는 대개 5M이상이 좋은데 예비 입주사가 공장운영을 하지 않으면 크게 신경쓰지 않아도 됩니다. 공장 내부에 기둥이 있으면 기계를 들여놓기 힘들기 때문에 꺼려하는 경우가 많습니다. 다만, 실입주라면 탕비실 구축 등 인테리어 요소로 해결 가능합니다.

지식산업센터도 남향이 좋나요?

: 지식산업센터가 남향이면 업무중에 햇빛이 너무 많이 들어와서 불편합니다. 오피스는 북향 혹은 서향을 선호하는 편이고, 업종에 따라서 햇빛이 들어오지 않는 지하를 선호하는 경우도 있습니다.

부가세는 어떻게 산정되나요?

: 부가세는 매매가를 건물분과 대지분으로 나눈 뒤에 건물분의 10%를 납부해야 합니다. 25일 전에 부가세 환급을 신청하면 15영업일 이내로 환급받을 수 있습니다. 그러기 위해서는 매도자에게 면세계산서와 과세계산서를 잘 구분해서 받아야 합니다. 분양시에는 중도금 대출 은행에서 부가세도 함께 대출해주는 경우가 있는데, 그 금액을 환급 받는 것 역시 가능합니다. 분양권 전매시 이러한 요소를 꼭 고려해서 진행해야 합니다.

임차인이 월세를 안내면 바로 퇴거 명령을 할 수 있나요?

: 임차인이 짐을 빼지 않고 버티면 3개월 뒤에 매도청구소송을 통해 임차인을 내보낼 수 있습니다. 다만 소송비용과 퇴거 비용까지 들어가므로 협의를 통해 임차사를 내보내는 것이 가장 좋습니다.

임장시 주의해서 볼 것은 무엇이 있나요?

: 직원입장에서는 임장시 역세권을 보는 것이 중요합니다. 또한 인근 먹거리와 유흥도 고려해야할 요소중 하나입니다. 주변 건물의 준공년도와 건설사, 층수, 분양가, 시세 정도는 파악하고 돌아 보는 것이 좋습니다. 이 지역에서 특히 가격 차이가 나는 요소가 무엇인지 파악하고 공실현황을 파악하면 됩니다. 건물 주변 도로망과 주차장 경사로 등이 적절히 시

공되어 있는지도 확인해야 합니다. 간혹 주차장 진입로가 엉망이라 임차가 안 맞춰지는 현장도 있습니다.

지식산업센터도 재건축이 되나요?

: 현실적으로 불가능합니다. 많은 임차사를 다 내보내야 하는데, 사업하는 사람들을 모두 내보내는 것이 쉽지 않습니다. 또한 이미 공장용지에 용적률을 다 채워서 시공한 경우가 많아서 규제가 풀리지 않는 이상 철거하고 재시공시 수익률을 내기는 쉽지 않을 것 같습니다.

자주 쓰이는 부동산 용어

1. 대지

건축물이 있거나 지을 수 있는 땅

2. 부지

일단의 사업이나 계획에 있어 당해 사업 또는 계획에 포함되는 땅

3. 택지

사업계획에 의해 주택을 건설할 수 있는 땅

4. 필지

구분경계를 가지는 토지의 등록단위(하나의 지번을 가지고 지적공부에 등록되는 토지단위)

5. 명도

점유권을 타인에게 넘겨주는 것(재판상 가옥은 명도, 토지는 인도라고 부름)

6. 존치

제도나 설비 따위를 없애지 않고 그대로 둠.

7. 담보대출

부동산을 물적 담보로 자금을 융통하는 거래

8. 저당권

돈을 빌린 사람이 약속한 날까지 돈을 갚지 못할 경우 돈을 빌려준 사람이 담보한 부동산을 처분하여 빌려준 돈을 가져갈 수 있는 권리, 이미 확정된 채권담보.

9. 근저당권

변동하는 채권의 결산기 최고액을 담보로하는 저당권으로 채권 최고액의 범위 내에서 계속적인 거래로 증감이 변하여 장차 특정 시점의 채권확보 근저당권을 설정하면 채무를 상환해도 근저당권 말소행위가 없으면 소멸되는 것이 아니고 다시 대출을 받을 때 기존 설정된 근저당권 사용 가능하며 설정한 채권 최고액의 한도 내에서 추가로 대출이 가능하다.

10. 전용면적

출입문 안쪽의 실제 사용면적(공급면적-공용면적)

11. 공용면적

다른 호실과 공동으로 사용하는 공간(복도, 로비 등)

12. 공급면적

전용면적+공용면적

13. 연면적

건물의 각층 바닥 면적의 합계

14. 건축면적

건축물 외벽의 중심선으로 둘러싸인 부분을 수평으로 투영한 면적

15. 건폐율

건물을 얼마나 넓게 지을 수 있는지에 대한 척도(건축면적/대지면적*%)

16. 용적률

건물을 얼마나 높이 지을 수 있는지에 대한 척도(지상연면적/대지면적*%)

17. 시행사

사업을 실제로 행하는 주체로서 주택건설사업등록을 필한 자

18. 시공사

공사를 하는 주체로서 건설업등록요건을 충족하는 자

19. 발주처

민법적 개념으로 관급공사일 경우 관호라 시, 군, 구청외 주택공사 도로공사이며 민간공사일 경우 자금권자

20. 감정평가

감정평가업자가 토지 등의 경제적 가치를 판정하여 그 결과를 가액으로 평가하는 것.

21. 감정평가액

감정평가액은 최저입찰가격의 출발점으로서 이후 입찰의 핵심적인 기초가 되므로 감정서는 가능한 한 정확하고 상세할 필요가 있다. 또한 은행 등 금융권에서 대출을 위한 기초 자료가 되기도 한다.

22. 개발부담금

국가, 지방자치단체 또는 정부투자기관 등에서 특정한 공익사업의 시행으로 인하여 특별히 이익을 받은 자에 대하여 그 이익의 범위 내에서 그 사업에 소요되는 비용의 전부 또는 일부를 부담시키기 위해 과하는 공법상의 금전급부의무를 말한다.

23. 거품이론

토지시장이 토지의 매매를 통한 자본이득의 획득 가능성을 열어 놓음으로써 투기적 거래를 유발하고 그것이 지가 형성을 왜곡시킨다는 이론

24. 공실률

아파트나 임대빌딩에 있어 그 건물 전체의 방수 중 비어 있는 방의 비율

25. 공업지역

공업의 편익을 증진시키기 위한 지역. 도시계획법에 의한 지역지정임.

1) 전용공업지역 : 중화학공업. 공해성공업 등을 수용하기 위한 지역.

2) 일반공업지역 : 환경을 저해하지 아니하는 공업을 배치하기 위한 지역.

3) 준공업지역 : 경공업 기타 공업을 수용하되 주거 기능의 보완이 필요한 지역.

26. 근린생활시설

1) 슈퍼마켓, 일용품(식품, 잡화, 의류, 완구, 서적, 건축자재, 의약품류 등)의 소 매점으로서 동일 건물(하나의 대지에 2개 이상의 건축물이 있는 경우에는 이를 동일 건축물로 본다) 안에서 당해 용도에 사용되는 바닥 면적의 합계가 500㎡ 미만인 것

2) 대중음식점, 다과점, 다방

3) 이용원, 미용원, 일반목욕탕, 세탁소(공장이 부설된 것은 제외)

4) 의원, 치과의원, 한의원, 침술원, 접골원, 조산원, 안마시술소

5) 당구장, 탁구장, 태권도장, 합기도장, 유도장, 요가장, 헬스클럽, 체육계강습소, 골프연습장 기타 이와 유사한 것으로서 동일 건물 안에 당해 용도에 사용되는 바닥 면적의 합계가 500㎡ 미만의 것

6) 금융업소, 사무소, 공인중개사사무소 등 소개업소 기타 이와 유사한 것으로 동일 건축물 안에서 당해 용도에 사용되는 바닥 면적의 합계가 300㎡ 미만인 것

7) 공업배치법시행령에 해당하는 업종의 제조장, 방앗간, 수리점 기타 이와 유사한 것으로서 동일 건축물 안에서 당해 용도에 사용되는 바닥 면적의 합계가 200㎡ 미만이고 환경보전법에 의한 배출 시설의 설치허가를 요하지 아니하는 것

8) 기원, 당구장, 청소년 전자유기장으로서 동일 건축물 안에서 당해 용도에 사용되는 바닥 면적의 합계가 200㎡ 미만인 것

9) 사진관, 기술계 강습소(사무관리에 한함), 표구점, 예능계 교습소, 독서실, 장의사, 동물병원 기타 이와 유사한 것

27. 녹지지역

보건위생, 공해방지, 경관, 수림 및 녹지를 보전하기 위한 지역.

1) 보전녹지지역: 도시의 자연환경, 경관, 수림 및 녹지를 보전하기 위한 지역

2) 생산녹지지역: 주로 농업적 생산을 위하여 개발을 유보할 필요가 있는 지역

3) 자연녹지지역: 녹지공간의 보전을 해하지 아니하는 범위 안에서 제한적 개발이 불가피한 지역

양도세 산정

양도소득세란?

개인이 토지, 건물 등 부동산이나 주식등과 파생상품의 양도 또는 분양권과 같은 부동산에 관한 권리를 양도함으로 인하여 발생하는 이익(소득)을 과세대상으로 하여 부과하는 세금

주택외 부동산 양도소득세율 적용조건

(2021년 6월 기준)

보유 기간	과세 표준	양도세율	누진공제액
1 년 미만	-	50%	-
2 년 미만	-	40%	-
2 년 이상	1,200만원 이하	6%	-
	4,600만원 이하	15%	108 만원
	8,800만원 이하	24%	522 만원
	1억 5천만원 이하	35%	1,490 만원
	3억원 이하	38%	1,940 만원
	5억원 이하	40%	2,540 만원
	10억원 이하	42%	3,540 만원
	10억원 초과	45%	6,540 만원

주택외 부동산 장기보유 특별공제율

자료 : 국세청 참조

보유 기간	공제율	보유 기간	공제율
3년 이상 4년 미만	6%	10년 이상 11년 미만	20%
4년 이상 5년 미만	8%	11년 이상 12년 미만	22%
5년 이상 6년 미만	10%	12년 이상 13년 미만	24%
6년 이상 7년 미만	12%	13년 이상 14년 미만	26%
7년 이상 8년 미만	14%	14년 이상 15년 미만	28%
8년 이상 9년 미만	16%	15년 이상	30%
9년 이상 10년 미만	18%		

① 실지양도가액 - 실지취득가액 - 기타필요경비= 양도차익을 구한다.

② 양도차익 - 장기보유특별공제 = 양도소득금액을 계산한다.

③ 양도소득금액 - 양도소득기본공제 (연 250만원씩 공제) = 양도소득과세표준을 구한다.

④ 양도소득과세표준 x 양도소득세율을 곱해 내야하는 세금을 구한다.

주거 및 체류시설 비교

구 분	도시형생활주택	오피스텔	호텔	생활형 숙박시설	휴양 콘도미니엄	지식 산업센터	아파트
법적용도	공동주택	업무시설(주거용 가능)	숙박시설	숙박시설	숙박시설	공장	공동주택
개별구분등기	O	O	X	O	O	O	O
부가가치세	X	O	-	O	O	O	O
주거가능	O	O	X	O	O	X	O
취사	O	O	X	O	O	X	O
입지조건	단독주택 밀집지역	중심상업지(역세권)	관광지, 중심상업지	관광지, 중심상업지	관광지 (리조트 결합시설)	공업지역	주거지
용도지역	일반상업지역, 준주거지역	중심상업지역, 일반상업지역	중심상업지역, 일반상업지역	일반상업지역	일반상업지역, 주거지역	공업지역	주거지역
실제 사용용도	주거	업무/주거	숙박	주거 또는 숙박	숙박	업무	주거
운영방식	임대	임대	투숙(회원제 운영 가능)	투숙	투숙(회원제 운영 가능)	임대	임대
수익구분	임대수익	임대수익	객실료 수익 (회원권 판매 수익)	객실료 수익	객실료 수익 (회원권 판매 수익)	임대수익	임대수익
바닥난방	O	전용85㎡이하	O	O	O	X	O
취사/세탁	O	O	X	O	O	X	O
전매제한	X	O(조정대상지역)	-	-	-	X	O
원룸 규제	주거전용면적 30㎡ 미만은 원룸, 30~50 ㎡ 경우 두 개의 공간으로 구성 가	X	X	X	X	X	X
주차장	원룸형 주택은 세대당 주차대수 0.9대 (세대당 전용면적이 30㎡미만인 경우 0.7 대)이상	세대당 주차대수 1대(세대당 전용면적이 30 제곱미터 이하인 경우에는 0.5 대)이상	시설면적 134㎡당 1대	호실당 0.7대 이상	시설면적 134 ㎡당 1대	실당 주차대수 1대	세대당 주차대수 1대 (세대당 전용면적이 60제곱미터 이하인 경우에는 0.7 대)이상
담보대출	규제대상	규제대상 아님	-	규제대상 아님	규제대상 아님	규제대상 아님	규제대상
관련법	주택법	건축법	건축법	건축법	건축법	산집법	주택법

세금	부가세	비과세 : 환급 불필요	업무용 임대사업자등록 : 환급O 주택임대 사업자등록 : 환급X	-	환급	환급	환급	국민주택(85㎡) 이하 : 비과세
	재산세	과세표준(공시가격의 60%)액에 토지분, 건축분 요율 적용	과세표준 (시가표준의 70%)의 토지분, 건축분 요율 적용	-	과세표준 (시가표준의 70%)의 토지분, 건축분 요율 적용	보통 만원 단위 소액 (등기제 콘도)	과세표준(공시가격의 60%)액에 토지분, 건축분 요율 적용	과세표준(공시가격의 60%)액에 토지분, 건축분 요율 적용
	취득세	분양가격의 1.1%	분양가격의 4.6%	-	분양가격의 4.6%	분양가격의 4.6% (회원제 : 분양금액의 2.2%)	실입주시 면제	분양가격의 1.1~3.5%
	종합 부동산세	5년미만 임대사업자 유지 시 합산	5년미만 임대사업자 유지시 합산	-	비과세	비과세	-	5년미만 임대사업자 유지시 합산
	양도소득세	양도차익의 6~42%	양도차익의 6~42%	-	중과배제(2 년이상 보유 시 6~35%)	회원권 매각에 따른 양도차익의 6~42% 일반과세	양도차익의 6~42%	양도차익의 6~42%
	1가구 2주택	1세대주택임대사업자 등록 시 공동주택과 동일하게 적용	임대인, 임차인 전입신고시 1가구 2주택 적용 (주거용도 적용)	-	1가구 2주택 미적용	1가구 2주택 미적용	-	6억원 이하 5 년이상 임대시 비과세

투자 목표 노트

투자 목적

투자 가능금액

목표 수익률(임대/시세)

나만의 입지 체크리스트

지역분석

수익률 분석

매도 희망가격

추가 목표

이야기로 읽는
지식산업센터
투자

이야기로 읽는

지식산업센터

투자

펴낸날	2021년 10월 5일
지은이	최필주
펴낸이	송현지
편집팀장	송현지
기획편집	최필주
책임마케팅	최필주, 송현지
디자인	그래픽 웨일
펴낸곳	도서출판 드림디벨롭
출판등록	제 2021-000046호
주소	서울 강동구 고덕로399
전화	010-5107-3800
이메일	feelv77@naver.com
ISBN	979-11-975778-0-2

책값은 표지 뒷면에 표기되어 있습니다.

Copyright © 2021 by 최필주 All rights reserved.

· 이 책은 저작권법에 따라 보호받는 저작물이므로 무단전재와 복제를 금지합니다.

· 잘못된 책은 구입하신 곳에서 바꾸어 드립니다.